日语教学的理论与模式研究

李晓艳 ◎ 著

吉林出版集团股份有限公司

图书在版编目（CIP）数据

日语教学的理论与模式研究 / 李晓艳著. — 长春 ：
吉林出版集团股份有限公司，2022.9

ISBN 978-7-5731-1973-5

Ⅰ．①日… Ⅱ．①李… Ⅲ．①日语－教学研究 Ⅳ.
①H369.3

中国版本图书馆 CIP 数据核字 (2022) 第 154346 号

日语教学的理论与模式研究

著　　者	李晓艳
责任编辑	陈瑞瑞
封面设计	林　吉
开　　本	787mm×1092mm　　1/16
字　　数	140 千
印　　张	9.5
版　　次	2022 年 9 月第 1 版
印　　次	2022 年 9 月第 1 次印刷
出版发行	吉林出版集团股份有限公司
电　　话	总编办：010-63109269
	发行部：010-63109269
印　　刷	北京宝莲鸿图科技有限公司

ISBN 978-7-5731-1973-5　　　　　　　　　定价：68.00 元

前　言

在传统的日语教学中，教师一般沿用语法翻译法，强调对语法、语音、词汇三要素的掌握，把教学重点放到精讲词汇、分析语法、练习句型上面。而对学生的非言语行为能力、文化辨识能力和跨文化交际能力的培养，没有引起足够重视，忽略了语境和语用的问题，从而导致"重语言教学而轻文化导入"的现象。因此，学生在交际过程中往往不能恰当地使用日语来准确表达自己的意愿，有的甚至按照汉语的习惯来套用日语，造成交际困难。此外，大部分学校没有设置关于日本节化的课程，很少讲授日本的风土人情、社会文化以及生活习惯等方面的知识。虽然有的学校开设了日本社会文化论、日本概况等方面的课程，但也只是简单抽象地介绍一下日本节化。而且，文化课程的学时和学分设置非常少，还常被边缘化，因此，教师和学生都不是很重视。

教学模式决定着教学效果。然而，在日语教学中，教师一般只注重对学生进行听、说、读、写、译的语言技能训练，却很少对学生进行文化导入。学生在实际交际过程中，缺乏在恰当的场合使用恰当语言的能力，生搬硬套汉语式的日语，出现贻笑大方的现象。比如在进行句型训练时，只是让学生机械地套用句型和朗读，却没有向学生讲解相应的肢体语言和表情，导致学生在和日本人交往时语言和肢体语言不协调。很多学生尽管通过了国际日本语能力一级考试，但仍然在工作中以及在和日本人的交往中发生交际摩擦和误会。

优秀的外语教师除了能讲授语言技能外，还应熟悉目的语国家的文化知识。但是，实际上大部分日语教师对日本节化的学习和研究是远远不够的。很多教师只是使用教学法来进行词汇、语法等的教学，而对日本的历史、习俗、文化等知识知之甚少，不能灵活自如地在日语教学中导入日本节化。而且，有的教师连日本都未去过，或者是去过却没有在日本长期生活过，对日本节化的了解比较片面，不够透彻，仅仅停留在直观的表面印象上。有的教师甚至对我国传统文化的学习都不够，没有深厚的文化功底，更别说熟悉日本节化了。教师仅仅向学生传授语言技能，对中日文化异同不能进行比较和解析，学生自然就对日本节化一知半解。由此可见，教师只有熟知日本节化，才能更好地开展日语教学，让学生成为既掌握语言技能又精通日本节化的实用型人才。

目　录

第一章　日语语言文化研究综观

第一节　日语语言学的缘起与发展沿革

一、日语语言学的缘起

自现代日语语言学确立的 1894 年算起，至今已逾百年。现代日语语言学发展至今，绝不是无缘之水、无本之木，它经历了一个从草创、形成到发展直至走向繁荣的历史演变过程。有道是"鉴往而知今"，在跨入 21 世纪第 10 多个年头的今天，我们尝试撰文对百余年来的现代日语语言学的发展历程做一下简单的回顾和描写，目的是帮助今人更好地了解这门学科的缘起及其发展轨迹，掌握一些必要的知识乃至规律性的东西，以便我们在更为全面深入地总结过去、展望未来的同时，对中国日语语言学所取得的成就及问题做一点小结，对未来做一些期望。

日语语言学在日本的发展主要有两个源流：一个是自古至今绵绵不绝的日本人研究自己母语的传统意义上的所谓"国语学"领域；另一个是以引进西方语言学，特别是 20 世纪 70 年代前后引进美国生成语法理论以后逐渐在日本兴起的"日本语学"领域，后者很大程度上是在以外国人为对象的对外日语教学"日本语教育"兴盛的背景下产生的。二者在 21 世纪初出现了部分合流的趋势，二者可看作是反映这种时代变化和趋势的标志性事件。

虽然"言语学"与"日本语学"二者在概念和所指上是有所区别的，但本书所设定的"日语语言学"概念不拘囿于日本的"言语学"，也不完全等同于"日本语学"的概念，而是带有自己的特色，即综合了日本传统意义上的"国语学"，20 世纪 70 年代以来形成的具有鲜明开放与实用特点的"日本语学"以及其他同语言学相关学科的部分内容。一言以蔽之，本书尝试打破日本学术界的既有壁垒，围绕日语研究的一切学问皆在我们考察范围之内，其中既有理论性偏强的学科领域，也涉及一些具有日本特色、相对而言应用性和实践性较强的领域，甚至还包括具有较强人文学科色彩的领域等。总之，本书所关注的大多数是在一定的现代语言学理论指导或启发下所进行的日语研究，且考察对象仅限于现代日语。当然，从研究规模以及成果、影响的比重上来说，仍以现代日语语法研究为主。

仔细推究，日本传统意义上的"国语学"其实包含了两方面的内容，姑且分为以研究古语为特征的"传统国语学"和山田孝雄以来自觉借鉴和运用近现代语言学方法研究母语日语的"近现代国语学"。本书所设定的现代日语语言学不包括前者，因为前者以文献调查和考证研究为主要特征，从性质上看大多属于传统语言文学的研究范畴，而后者即近现代国语学与"日本语学"虽然有时界限不甚分明，但较之近现代国语学生主要受近代西方哲学科学思想，特别是索绪尔以来的结构主义语言学等学派的影响，新兴的"日本语学"在理论和方法上大多吸收和借鉴了20世纪六七十年代以后西方现代语言学的最新研究成果，并注重将其他语言纳入对比和考察的视野范围，研究的目的或成果大多数被直接指向了对外日语教学实践乃至语言类型学研究。加之"近现代国语学"之所以被称为"国语学"也是因为它较多地继承了日本传统国语学的研究成果，这在山田孝雄以及时枝诚记身上表现得尤为显著。可见，"国语学"与"日本语学"虽然有了部分合流与相互吸收借鉴的一面，但二者间仍然存在着很大的差异，尤其表现在研究理论或方法上。

当然，早在日本的中世，确切地说在室町时代，来自葡萄牙的传教士罗德里戈斯就写出了《日本大文典》（1604—1608）和《日本小文典》（1620）等研究日语的著作，被视为早期日语语法研究的经典之作。其后，特别是到了明治时期，大批西方人来到日本研究日语，出现了很多像霍夫曼、阿斯顿、钱伯伦等西方人编纂的文典类语法书。这些著作由于是从外国人的视角研究日语，所以有学者认为它们属于有别于传统日语研究"国语学"的"日本语学"之代表性著作，而日本人自古代起研究本国语言的学问就被认为是"国语学"。但如前所述，本书所设定的"日语语言学"是建立在超越这种狭隘的"国语学"和"日本语学"区别之上的学科。只要研究对象是日语，我们不做"国语学"和"日本语学"的区别，即不从研究者的国别角度区分，而主要是从理论或方法论上着眼。

如前所述，近现代国语学研究也是在接受西方近代语言学影响的基础之上确立的。上田万年给日本带来了西方的历史比较语言学。他指导手下搜集了大量的珍贵文献，同时积极培养奖掖学术后进。在他的指导下，弟子桥本进吉专攻日语史，东条操研究方言学，金田一京助则钻研阿依努学，均取得了杰出成就，特别是桥本进吉在江户学者研究的基础上重新发现了上代特殊假名拼写法，这个发现对于日本近代语言学的确立做出了卓越贡献。所以我们认为，现代日语语言学与传统的以文献调查和考证研究为主要特征的传统国语学研究相比，不在于时间的早晚，而是从理论到方法均受到了来自西方语言学的直接或间接的影响或者启发，确切地说受到了历史比较语言学以及结构主义语言学的影响，而后者正是被认为是开启世界近代语言学的重要学派。上田万年的功绩是将之前的作为佛教、歌学、国学附庸的语言研究与西方语言学体系整合为一门独立的学科。然而，上田万年及其弟子东条操等，甚至包括山田孝雄等人虽受西方近代语言学的影响，但没有从普通语言学的角度把日语作为世界语言家庭中的普通一员。显然，明治时期确立的国语学被带上了明显的国家主义色彩和功利主义，是为当时日本国语政策的制定和针对本国人的国语教育服务的，由此可以看出当时语言学研究所受到的政治影响和时代局限性。其后，由于军国主义势力的抬头以及国粹主义的推动，更是凸显了本国本位主义的一面，原为"和汉"的二元对立被"日欧"对立所取代，强调日语独立性和特殊性的国语学传统随着日本与其他交战国政治对立的加剧进一步确立。所以，传统的国语学向现代日语语言学转换这个任务本来在上田万年时代起就理应可以实现，但却迟至 20 世纪 70 年代后随着生成语法理论等西方现代语言学的引进以及对外日语教学的繁荣才得以完成。此外，随着 20 世纪 30 年代以来日本海外殖民的开始，产生了以实现所谓大东亚共荣圈为目的的日语输出以及伴随而来的"日本语学"，即出现了为对外日语教学服务所进行的日语研究。因此，"日本语学"有宽窄两种时间界定。"日本语学"的名称很早就有，这是指广义或者说是泛泛意义上的"日本语学"概念，但更为限定的或者说我们现在一般语境下所说的"日本语学"主要是指 20 世纪 70 年代以后受美国生成语法等影响，特别是在 20 世纪七八十年代兴盛起来的以服务日语教学为主要背景的日语研究。

20 世纪 60 年代后半期，日本进入经济高度增长时期。在经济繁荣的刺激与带动下，社会教育文化事业也取得了巨大发展。与此同时，随着现代西方语言学的新学派、新理论的不断引进，以及日本国内大规模展开的对外日语教学向研究者提出了大量新的现实课题，日语语言学研究遂迎来了新的发展契机。包括负笈欧美的学者在内，日本年青一代学者从来自西方的现代语言学理论中吸取营养，大胆用于解决现实问题。在此过程中，他们对日语本身的看法也发生了根本性的变化，简单说就是日语被置于相对化的地位，而非明治乃至战争期间被赋予特殊的国家语言色彩的绝对化，这种变化也为后来的学者积极大胆地运用提炼自西方语言的现代语言学理论研究日语提供了基本前提和可能。经过战后特别是 20 世纪六七十年代的积累，20 世纪 80 年代以后现代日语语言学走向了全面繁荣与成熟，可以说取得了极为丰硕的成果。

二、日语语言学的发展沿革

1894—2014 年，日本的现代日语语言学研究已有了百余年的历程。若从山田孝雄 1908 年的第一部语法著作《日本文法论》问世算起迄今也已有 106 年的历史了。如果掐头去尾，本书基本上就是对 20 世纪这一百年的日语语言学的发展做一个简单的回顾。这一百年是现代日语语言学由草创、发展直至走向全面繁荣，并产生学术巨擘和一大批卓越成就的时期。因此，这里对日本现代语言学研究的发展历程做一个鸟瞰式的描写，对其中的源流做一个粗线条的梳理。

须加说明的是，迄今为止国内外出版的著作大多只描写语法史，或者说是摘取语法史为代表来描述语言学史，以此来勾勒现代日语语言学的发展历程。这是因为：其一，语法学历来是语言研究之重，而且语法比较具有系统性，因此在方法论上承前启后的脉络比较清晰，易于梳理描写；其二，语法同语言教学，特别是外语教学紧密相关。如同下文所述，在现代日语语法研究的历程中，很多新发现、新方法是受日语教学中所遇到实际问题的刺激产生或发展起来的。不过，本书虽以语法研究史描写为主，但同时兼顾与日语研究相关联的其他各领域的研究，特别是 20 世纪 80 年代以后蓬勃发展的日语语言学涉及了现代日语多方面、多层次、多角度的问题，尤其是与语言的功能、语境以及使用语言的人相关的要素被置于日语研究的重要地位，语言研究日益呈现出跨学科、多元化的综合研究的特点。

在此，将百余年的日语语言学的发展历程主要分为萌芽期、形成期、发展期、繁荣期和整合期。从年代分布上来说，萌芽期主要包括明治期和大正时期的大约 30 年形成期包括昭和前期，也就是 1945 年日本战败之前的 20 年发展期包括从战败的 1945 年到 20 世纪 70 年代，也就是到 1980 年前的 35 年时间繁荣期，包括 20 世纪 80 、 90 年代的大约 20 年时间整合期，包括进入 21 世纪的这 14 年时间。需要声明的是，日语内部各领域发展很不平衡，每一个人的看法也不尽相同，不宜一刀切，所以本书姑且借鉴社会政治历史的分期，因为学术发展的历史总会在不同程度或不同层面受到来自社会政治历史的影响，这种影响往往会涉及各个学科领域，形成多米诺骨牌效应。因此，这样的分期比单纯以某个特定领域的发展进程为依据更为方便，也更为容易接受。

（一）萌芽期（1894—1925）

1894 年，上田万年回日本执掌东京帝大的博言学讲座。1897 年，他还在东京帝大创设了日本第一个"国语研究室"。同时，上田还积极培养弟子，参与了国语调查委员会的各种调查活动，并且在包括确立标准语在内的一系列国语政策的制定方面起到了主导作用，为初步构建日本近代国语学体系做出了巨大贡献。明治、大正、昭和初期的语言学、国语学乃至国文学的很多大家均出自其门下，如研究朝鲜语的小仓进平、葡萄牙吉利支丹语的新村出等。

松下大三郎的《日本俗语文典》（1901）是以当时中国留学生为对象编写的口语语法书，后人评价甚高，但同后来的山田孝雄的《日本文法论》（1908）相比，它是一部实用性很强的书，这从书名承袭了直至明治时期仍在使用的"文典"名的事实便可了然。

山田孝雄在《日本文法论》中反省了大槻文彦以来日本学者生搬西方语法学说的弊病，借鉴西方的心理学、逻辑学成果，在细心观察日语事实的基础上提出了自己的语法思想和学说。山田认为语法学是为了探讨语言是如何传达思想规则的学问，这有别于此前的实用性文典类语法学说，在语法研究的独立性方面迈出了重要一步。

除了语法研究以外，1904 年日本出版了宫泽甚三郎的《日本言语学》，1908 年还出版了大町芳卫的《日本文章史》。总的来说，这个时期是日本人对于本民族语言的特性开始有了比较清醒的意识，并尝试移植来自西方的科学方法进行阐释的时期，这在语法研究上表现得尤为明显，但真正臻于成熟还是要等到下一个时期。因此，这个时期大致上看应属于现代日语语言学的萌芽期。

（二）形成期（1926—1945）

1928 年由小林英夫翻译的索绪尔著《普通语言学教程》日文版出版，给当时日本语言学界以很大影响。此外，经过萌芽期的摸索，20 世纪 20—40 年代是山田孝雄、时枝诚记、松下大三郎、桥本进吉四大语法学派基本形成的时期。山田孝雄语法重视内容（意义），桥本进吉语法重视形态，也就是形式，而时枝诚记重视功能，可谓各有长短与特色，但均对后世的语法研究产生了巨大影响。山田孝雄继《日本文法论》之后在 1936 年出版了代表作《日本文法学概论》，更加全面系统地阐释了他的语法理论。松下大三郎的语法学说被誉为近代日语语法研究中的经典，其中很多观点和理论价值正在得到重估。桥本进吉原本专长于研究古代文字音韵，但对语法也颇有建树，主要特征可以归纳为从语音形式的角度描写语法。1934 年桥本出版了《国语法要说》，战后还撰有《国文法体系论》。桥本的语法体系成为后来日本学校语法的蓝本时枝诚记的语法问世较晚，代表作是 1941 年出版的《国语学原论》，里面充分展示了融入他独特思考的语言理论，战后他还出版了《日本文法口语篇》（1950）和《日本文法文语篇》。在这 4 个语法体系中，松下大三郎属于洋派，山田孝雄属于国派。所谓国派就是指继承了江户以来的国语学传统，其大部分研究主要围绕助词、助动词展开。洋派就是从建构带有普适各种语言的所谓普通语法理论的目的出发，为此松下建立了很多独特的语法概念。时枝诚记批判索绪尔和山田孝雄的语法理论，独树一帜地提出了具有自己鲜明特色的语法学说，其理论核心是语言过程说，他的语法学说后来得到了渡边实、北原保雄和铃木重幸等人的继承。时枝考虑了语言中人的因素，在当时具有前瞻性，也为后来的很多研究所证明。

方言研究在这个时期有了初步的成就。上田万年主持的国语调查委员会于 1903 年实施了全国规模的调查，了解到各地方言的差异。与此同时，东条操尝试根据不同地区的语言特征进行区域划分。

1926 年，日本语音学会成立；1938 年，日本语言学会成立；接下来，1944 年日本国语学会成立。这些学会组织的相继成立以及上述影响深远的语法体系的确立在很大意义上奠定了日语语言学研究的基础。因此可以说，至此现代日语语言学的格局基本形成。

（三）发展期（1946—1979）

第二次大战结束以后，日本进入了经济和国家重振的时代，特别是以 1964 年东京奥运会的成功召开为标志，日本开始迈入了经济高度增长时期。与之伴随的是整个社会文化事业也得到迅速发展，语言研究呈现出丰富多彩、不拘一格的局面。用一句话概括，就是百花齐艳，蓬勃兴旺。

发展期分前后两个阶段，可以 20 世纪 70 年代为界。战后，随着西方现代语言学的全面引进和消化，日语研究取得了更为全面深入的发展。1950 年，金田一春彦的具有里程碑意义的力作问世。1951 年，服部四郎的《音声学》出版。20 世纪 50 年代，传统的旨在提高学生修辞水平的"文章学"兴起，特别是时枝诚记在《日本文法口语篇》中将"文章"作为与"语""文"并列的语言单位，奠定了日本篇章语言学的发展基础。日本的社会语言学研究以"言语生活"为开端，早于从美国传入的社会语言学，因而具有鲜明的日本特色。社会语言学研究此时正处于全面上升期。方言研究方面，美国描写主义语言学早在 20 世纪 50 年代就被介绍到日本，被日本学者套用到对日语的研究上，特别是对方言构造的描写上，取得了不少成就。进入 20 世纪 50、60 年代以后，由东条操、柳田国男等奠定基础的方言地理学大放异彩，取得了突出成就。此外，词汇研究在这个时期受到瞩目，特别是 20 世纪 50、60 年代，日本国立国语研究所先后组织实施了一系列大规模的语言调查，计量词汇学在这个时期获得了空前的进步和发展。

进入 20 世纪 70 年代以后，外来的生成语法、篇章话语语言学等语言学理论流派相继被引进到日本，给日本的语言学研究带来了新的契机和巨大影响。1973 年出版的久野暲《日本文法研究》，就是运用生成语法研究日语的成功之作。此外，还有井上和子（1976）和柴谷方良（1978）等著作问世。5 年后的 1978 年，久野暲又出版了一部从功能语言学角度出发的著作，吸收了生成语法理论，并结合日语事实进行了细致独到的分析，影响深远。这个时期，延续此前的贴近日本现实的独特的社会语言学（以方言研究为特征）以及日语声调研究等也取得了长足的进步，特别是社会语言学研究从量到质皆可谓达到了顶峰，体现了这个时期语言研究的成熟。这个时期，非语言交际研究方面的信息也被介绍到了日本，起初内容主要集中在跨文化交际方面，最初关注的是英语界人士。

总之，进入 20 世纪 70 年代后日语研究出现了第一个高峰，这种势头在某些领域甚至延续到了 20 世纪 80、90 年代。在这种形势下，1972 年世界唯一的定位为普及语言学知识的《月刊言语》应运而生。从世界语言学的发展历史来看，这一年正好是生成语法重要著作乔姆斯基的《生成语法中的语义学研究》和杰肯道夫的《生成语法中的语义解释》出版的时期，也是柴谷方良主编的 Papers in Japanese Linguistics（加利福尼亚大学伯克利分校）创刊的那一年。总之，日本国内外对语言以及语言学的关注在 20 世纪 70 年代初期达到了一个高峰。

（四）繁荣期

20 世纪 80 年代前后，日本国内外的对外日语教学的繁荣为日语语言学提出了新的课题和视野，同时也带来了新的发展契机。1980 年，明治书院《日本语学》杂志应运而生，首次明确提出了"日本语学"的用语，刊登了大量有关日语语言学方面的优秀论文，成为那个时期日语语言学全面走向繁荣的标志性杂志。但都没有从根本上改变这个时期以服务于教学为宗旨的实用语法从产生直至走向繁荣的基调色彩。

这个时期，随着对外日语教学的大规模展开，日外对比语言学也取得了迅猛的发展。樱枫社为适应社会普及日语语言学的需要，先后出版了《对照言语学》（1990）、《日本语概说》（1989）、《社会言语学》（1992）等概说性书籍，同时还出版了包括语法、词汇、篇章话语等分册在内的"个案研究"系列丛书。在对外日语教学中，研究一直较为薄弱的复合动词研究也是到了 20 世纪 80、90 年代才开始有了长足进步。对外日语教学的兴盛还促使学者对不同文化背景下成长起来的人群之间在语言之外的交流方式和过程中所遇到的各种问题予以关注，接下来在报纸等公共媒体上开始出现。总之，"非语言交际"从 20 世纪 80 年代后半期开始进入公众的视野。

所谓繁荣期，不仅仅表现在社会需求的扩大以及随之而来的实用性研究兴盛等方面，也反映在如下方面：从各领域的分布来看，日语研究进入了语法和其他语言学并重的时期，或者说语法独霸天下的局面得到了根本改变。具体地说，从功能、语用、认知等角度研究日语的比重在逐渐加大。也就是说，语言研究的总体趋势是从描写开始转向实用和解释，特别值得一提的是，语用学以及稍后的认知语言学在日本得到了迅速发展，涌现了大量翻译和介绍西方相关理论及研究方法的成果。以认知语言学为例，1998 年 11 月《月刊言语》杂志为认知语言学研究出版了专刊，同年 8 月出版的第 8 期《日本语学》杂志以特集的形式刊载了由山梨正明、工藤真由美、定延利之、沼田善子等一批学者撰写的从认知角度研究日语的论文。《月刊言语》杂志于 2000 年（7—10 月）再次连载介绍认知语言学的文章。1998 年日本语用学会和 2000 年日本认知语言学会相继成立，在一定意义上标志着注重功能的语言学流派开始占据语言研究的主流位置。同这种注重语言的传达及交际功能的大趋势相一致的是，语法方面自 20 世纪 80 年代以后，研究句子的主观态度即语气的研究开始兴起。语气的研究同上一个时期展开的有关陈述的争论有一定的相似性和相关性，日语结构上的特殊性促使学者从这个角度结合现代语言学的理论重新审视与探索，可以说语气研究至今仍是语法研究的一个热点。

20 世纪 90 年代后半期，日本泡沫经济破产，被称为"失去了的十年"，对外日语教学开始走到了拐点。在这种形势下，1997 年明治书院不得不调整曾经销路一直不错的《日本语学》办刊方针，将所刊载论文重点放在了日本国内的国语教育即语文教学方面。虽然仍不时有涉及日语语言学的精彩论文刊登，但毕竟难以回到创刊之初那样的盛况了。不过，日语语言学研究并没有裹足不前，在进入 21 世纪后仍取得了十分可喜的成绩。

（五）整合期（2000 年迄今）

进入 21 世纪以后，一方面语用学、认知语言学等语言学流派以更加强劲的势头继续向前发展，特别是从最近的动向看，日本认知语言学会已发展成为日本最大的语言学会。同时，随着人们日益重视语言的传达交际功能，日语语言学研究出现了以下几个倾向：（1）语言学各领域相互渗透的趋势日益明显；（2）研究理论和方法以及视点等方面开始出现重新整合的动向；（3）越发注重语言学成果的应用。总之，与前几个时期呈现出迥然不同的特征，而且未来的动向尚不明朗，故本书称之为整合期。以语法为例，虽然描写语法仍然是语法学界的一个重要方向，一批中坚学者 2001 年发起成立了"日本语文法学会"，并且出版了定期刊物《日本语文法》，但语法研究总的方向仍然出现了多元化的趋势。纯语法研究进步不大的现实促使人们另辟蹊径。例如，较之从前，方言语法和语法史研究受到重视，特别是重视方法论和从语言类型学的角度进行对比。同时，面向教学的实用型语法逐渐进入人们的视野，占据主流位置。

此外，与语法向实用方向转变的趋势并行的是，一部分学者尝试突破传统的语法界限，从语言的传达交际功能与语言形式之间的关联着眼，开始了包括语音语法在内的一系列新的探索与尝试。例如，由串田秀也、定延利之、传康晴编纂的从语言学、会话分析和认知科学三个学科交叉的角度切入，显示出学科交叉与互补的大趋势。学科交叉表现最为明显的莫过于非语言交际研究，需要整合各个学科的资源，除了跨文化交际学、语言学、心理学、文化人类学、传播学以外，符号学、社会学、行为科学、信息科学、经营科学等诸多领域也进一步融合参与了进来。

在日本，随着近年来各大学研究机构的调整、学科的重组以及科研经费的不断收缩，同时日本社会对语言学学科的发展也提出了新的需求。这些因素迫使未来日子里日语语言学研究的方向将更为扑朔迷离，难以捉摸，但有一个大的趋势，就是语言研究离不开人的因素。例如，运用来自西方语言学的礼貌原则研究包括敬语在内的一系列言语行为现象正成为日语语言学研究的一个新的亮点和焦点。此外，随着认知语言学以及对比语言学研究的不断深入，语言类型学研究也逐渐进入了研究者的视野，正在日益成为日语语言学研究中的显学。

第二节　日语语言文化的特点与研究视角

一、日语语言文化的特点

（一）吸收性

纵观日本文化发展的历史我们不难看出，古代从中国那里学到了汉字、汉文、佛教、建筑、艺术等中国文化。明治维新以后，在继承传统文化的同时，积极吸收西洋文明，可以说日本文化是多种文化交融的产物，具有明显的多层性。日语作为日本文化的重要内容其多层性表现得也很突出。在吸收外来语的同时，也把各国的先进文化吸收到日本，并将其"本土化"，日语在各种先进文化的滋养下不断丰富发展壮大。这些多层性主要表现在日语的表记、汉字的读音和词汇的分类等方面。

（二）创造性

日本一直喜欢将国外事物和本国事物融合在一起，创造出带有日本特点的事物。日语在吸收外来语时，并不是原封不动地照搬，而是在此基础上有所创造。大约在公元2世纪，中国的汉字开始传入日本，这对只有"声音"而没有"文字"的日语来说，无疑是一件天大好事。当日本人意识到汉字的巨大作用时，便视汉字为"至宝"，将汉字大量引入日语中，当条件成熟时将汉语加以"改造"，大胆地将汉语意思加以引申。比如，用汉字楷书的偏旁部首创造出"片假名"，用汉字的草书笔画创造出"平假名"，借用汉字的字形创造出"国字"，用汉字的繁简特点创造出"略字"。除此以外，日本人还从汉语中借用了数以万计的汉字和词汇，被借用过去的汉字绝大多数保留了原有的意义或者与原意稍有差别，但是也有许多汉字已经完全"旧化"，失去了现代汉语原有的含义。在丰田公司汽车的工厂内挂有这样一则标语"油断一秒，怪我一生"，不懂日语的中国人，可能根据字面意思会理解为："若给机器输油间断，会被终生谴责。"但是，这里只有"一秒"和"一生"与汉语的意思相同，"油断"在日语中的意思是"疏忽"，而"怪我"意为"受伤"。这则标语的实际意思应该是"疏忽一时，残疾终生"。再如，汉语中用"虎头蛇尾"来形容做事情只有开始没有结尾，但是日语却使用"奄颐蛇尾"来表达相同的意思。可见，日本人能够以借其形望其意的方式，十分巧妙地将外来文字进行地道的日化。汉字已经深深扎根于日本人的语言生活中，对于汉字，日本人丝毫没有"外来"感，年深日久，已把汉字视为本民族的正式文字。

同样，日本在从欧美语言中吸收大量词汇的同时，也不断整合出新的词汇。"和制英语"就是一个很好的例子，和制英语是日本人以英语词汇为素材创造出的日本式的英语词汇，这些词汇表面上看来源于英语，但在英语中却找不到。可以看出日本人具有极强的创造能力，吸收外来语的目的不仅仅是丰富自己的语言，更重要的是创造出自己的新语言。

（三）暧昧性

日语语言文化的显著特点之一就是依赖他人，即把"他人"的想法或观念作为决定自己行为的基准。这种特点反映在人们的交际方式上就是，讲话者在十分注意听话者的前提下，尽量讲得很少或什么都不讲，周围的人们通过推测和经验体察到讲话者想什么或讲话的真正含义，在无言和暧昧的语言表达中达到交流。这种交际方式被日本人称为"以心传心"（心领神会）。为了正确理解这一交际方式，语言学家石井敏提出了一种模式，即"谦逊·体察交际模型"。根据这一模式，讲话者在没有发出交际信号阶段一定要考虑听话者的各种条件，首先要注意变换自己的脸部表情、手势及上下文的逻辑性等非语言信号，其次进入谦逊的过滤装置，最后才向对方发出语言。作为听话者一定要凭借自己的体察能力补充讲话者减量化的语言内容，理解对方的完整含义。这一点是日语语言文化及人际交往的最重要的特点之一。

日本的传统文化是"体察"文化，是尽量减少语言交流的文化，是根据对方的心理来确定自己行为标准的文化。即使是坚持自己的主张，如何能够从对方的想法出发，在理解对方的基础上委婉地说服对方才是最好的解决问题的方式。"您的话很有道理，但是……""您的想法很实际，然而……"日本人喜欢上述讲话方式，多数人喜欢以上述方式开始讲话。他们十分注意尊重对方，不伤害对方，不要让对方讨厌或憎恨自己，对对方的请求或要求等不轻易拒绝，这是日本人坚守的信条。教师批评学生或公布考试、作业成绩时，都特别讲究方式绝不伤害学生的自尊心和感情。因此，在日语里一般避免使用过于直率、过于肯定的讲话方式。尽管近年来，直率讲话的人在逐渐增多，但对于一般日本人来说委婉的语言表达是成功的语言交际所不可缺少的。

日语语言文化的暧昧性特点不仅表现在口语体上，在文章体上也有所体现。日本著名的文学家谷崎润一郎的名文《阴影礼赞》就是阐述这一理论的成功之作。此外，他还在名著《文章读本》中具体论述了自己的观点。他在书中指出："我这本书从头至尾几乎都在阐述含蓄一词，'含蓄'的意思就是避免冗长和啰唆。"按照他的解释，所谓名文就是避免采用过于明了的解释和说明，在字里行间应该给人留有一定回味的余地，让读者欣赏暧昧表达中蕴藏的美的韵味。近年来，日语中的外来语明显增多，甚至可以说达到了泛滥的程度。追究其泛滥的原因，除去日本人喜欢舶来品追求新奇之外，新语言的暧昧性可以唤起一种无法说明的美的感觉也是其理由之一。

（四）年龄差别性

崇外心理和外来语的不断涌入使日本年轻人在会话中经常使用外来语。铃木孝夫指出："汉字就好像是苦口良药，而用片假名书写的外来语就好像是被甘甜可口的糖衣包裹的毒药。用假名书写的语言简单易读，而实际上能够正确理解其意思的人却很少，这成为人们交流的巨大障碍。"老年人比较喜欢汉字，而年轻人从来不拒绝外来语，甚至更喜欢外来语。年轻人大胆地使用外来语，用日语假名拼出英语单词，几乎将所知道的日语全用英语说出，没学过英文的老年人根本听不懂。日语假名中有些英语中不存在的音节，一些词语形成了极不标准的英语发音，变成连英国人听不懂无法理解的日式语音。

日本大部分的老年人对新鲜的外来语了解较少，年轻人则经常使用新出现的外来语，造成了两代人用语的差别。这种差别因为两代人的生活习惯和兴趣爱好的不同而产生，是日语语言文化中一道独特的"风景"。

（五）"内""外"的距离性

无论在任何社会生存，与周围人们的人际关系是至关重要的。这一点在日本社会尤为重要，这种人际关系不仅表现在为人处世的表达方式上，而且在其外在化表现的语言使用上也有十分严格的要求。由于讲话人和听话人的关系、年龄、性别、职务、场合、话题的不同，所使用的语言表达也不尽相同。几乎所有的日本公司、机关和企业对新员工上岗前的严格语言培训就是典型的例子。日本人喜欢"自己"深入"对方"的心里去理解对方，在对方尚未发话之前尽量感知对方的意图，同时按照周围的情况来采取临时应变的办法，使自己具有调整交际的"柔软结构"。

要认识和理解日本人这种复杂而微妙的讲话方式，必须对日本人所具有的"内""外"距离感的语言意识有一个深刻的了解。世界无论任何国家或民族都具有把自己与周围区分开来、划分远近的本能。然而却很少有像日本人那样根据内外之别来变换语言表达并使之成为待人接物的重要内容的。

日本人的"内"的意识是与"我"的存在作为核心的意识密切相关的。也就是观察问题的基点是自身的存在。按照日本著名语言学家山下秀雄的解释，"在以自我为中心的命运共同体中，有几层重叠的同心圆。如果把中心的'自我'用深红色表示，那么，越往外颜色越淡，在最外侧淡红色的边上用一条很清晰的粗线划分开来。在区分'内''外'的线的里侧没有规定的间隔，只是浓淡的差异"。

在日语里关于"内""外"表达方式的典型体现就是敬语。在一般的语言学著作和教材中，敬语主要指年龄小的或职位低的人对长辈或地位高的人讲话时使用的尊敬讲法，但是在现代日本社会特别是年轻人阶层这种意识十分淡薄。现在的敬语首先是"亲近感"的"晴雨表"。关系越亲近越少使用敬语。也就是在把他人接纳为自己伙伴的过程中，其语言的使用方式也随之改变。

二、日语语言文化的研究视角

（一）本体论视角

本体论视角是指把语言本身作为一种文化来进行阐述，研究者主要将语言的历史作为研究对象。代表作如古田东朔的《日本的语言文化》。古田认为语言本身就是一种文化，他以语言所形成的文化为对象进行研究，论述重点放在现代日语基础的形成上，内容涉及日本古代语、近代语、上方语、江户语以及日本国语意识的形成过程等。另外，还有山田明穗的《日本的语言文化Ⅱ》。该书从探讨日语的特点来理解基于语言的文化本质，内容涉及日语的历史、近代日语、汉字、假名的发明、五十音图、词汇、语法、敬语以及日语与西欧文化的关联等，其中特别追溯了日语从过去到现在的发展过程，并展望了日语的未来。本体论视角的特点是，将语言本身看作是一种文化，认为语言是文化的一部分，即论述语言就是在论述文化，论述语言的某种特点就是在论述文化的某种特点。

（二）关系论视角

关系论视角是以语言和文化的关系为核心进行研究的一种方法。关系论视角认为，语言不属于文化的一部分，语言是一个与文化有密切关系的领域。根据研究的侧重点的不同，关系论可以分为以语言为中心进行研究（后简称"语言中心"）和以文化为中心进行研究（后简称"文化中心"）两种情况。语言中心指从文化的角度来研究语言，研究的重点在于语言。如前面提到的牧野成一（1996）是通过日本人的空间思维来探讨日语语法的，菊地康人（1997）则是通过分析日本人的社会心理来研究日语敬语的使用的。文化中心指从语言的角度来研究文化，研究的重点在于文化。如芳贺绥的《日语的社会心理》（1998）是以论述日本人、日本文化为主的著作，作者通过分析日语的特点，来阐述日本人的心理、社会行为方式的特点，同时又说明了日本人的心理是如何反映在语言上的。长谷川如是闲的《语言的文化》也是以文化为中心的研究。除了从语言的角度研究文化，或者从文化的角度探讨语言这种单向研究，日本语言文化的研究成果中还存在既从语言的角度分析文化，又从文化的角度阐述语言的双向研究的著作。如唐须教光的《文化的语言学》，作者对语言和文化的构造、功能分别进行了论述，并分析说明了语言和文化二者联系的必要性。

另外，根据研究内容的不同，又可将关系论视角分为宏观研究和微观研究。宏观研究指结合对文化特点的分析，来对语言使用的特点进行概括性论述。例如，野元菊雄的《日本人和日本语》（筑摩书房，1978）中，作者从日语和日本人心理的关系出发，阐明了日本人的语言心理，从而论述了日本人对日语使用的好恶、习惯以及日语使用整体上的特点。芳贺绥的《日本人和日本语》（1979）和《日本人的表现心理》（1998）也是宏观研究的著作。微观研究指结合对文化特点的分析，来具体论述日语某一特定的语言现象。牧野成一（1996）把日本文化和日语某一具体语法现象（时态等）相结合进行具体性的研究。还有菊地康人的《敬语》（1997），书中的有关文化因素与日语敬语的使用特点关系的研究也属于微观研究。

第二章　日语教学理论与方法

第一节　日语教学的理论基础

日语是日本民族自古以来所使用的唯一的通用语言。除日本外，在巴西、北美、夏威夷的日本人社会中也使用日语。使用人数为 1 亿 2 千万人，在世界各语言中居第 6 位。日语一直受到了周围语言的强烈影响。最早影响日语的是本土的阿伊努语和邻近的朝鲜语。日语早期词汇中就有食材用语和朝鲜语等文化用语。

对日语影响范围最大、时间最长的语言是汉语。日语的表记采用汉字、词汇中汉源词占一半以上就是证明。日语的浊辅音、促音、拨音等都是受汉语影响而形成的。此外，还出现了汉文体、汉文训读体和汉混淆体等各种文体。

从 16 世纪起，日本开始接触西方文化，包括语言。明治以前已有不少外来语出现，第二次世界大战结束后，外来语如潮水般涌进日语。

周围语言尤其是汉语对日语的影响尽管很广泛、很强烈，但汉语的孤立语性质并未改变日语最基本的黏着语性质。毫无疑问，日语主要是按自己固有的内在规律发展的。

日语同时也给周围语言以一定程度的影响。朝鲜语、汉语等语言中有不少词来自明治时期的日语词汇。其中绝大部分是日本从欧洲引进的概念而造成的译词。如：物理、体操、科学、干部、政府等。

日语教学法作为一门科学，其成熟的标志在于它有一些本学科独有的概念和自己特有的科学体系。日语教学法常用的基本概念有：教学原理、教学原则、教学方法、教学方式、教学手段、教学形式等。

教学原理是对教学规律的认识。由于日语教学规律存在于日语教学工作的诸关系中，因而教学原理是处理日语教学诸关系的总的指导思想、总的看法，也称为教学法观。日语教学规律是不依人们的意志为转移，是客观存在的。但教学法研究人员们在探索教学规律时由于受语言学、心理学、教育学不同观点的影响对教学原理的看法不尽一致。如结构主义语言学的听说习惯理论，行为主义心理学的刺激——反应理论是日语法的原理，转换生成语法和认知规范学习理论是认知法的原理。教学原理对外语教学具有普遍的指导意义，教学原理所回答的问题是如何认识日语教学的规律以及教学过程最优化的途径。

教学原则是在一定的教学原理指导下对外语教学中诸种关系的认识和处理的准则，是对学生学习语言知识和掌握言语技能基本方法的总说明。教学原则是教学规律的反映，是从教学规律中引申出来的，因而教学原理对教学原则起支配作用，有什么样的教学原理就有什么样的教学原则。如：听说习惯理论规定了口语法的听说领先、反复实践、形成习惯的原则，根据社会语言学关于语言交际功能的原理规定了交际性的原则。

教学方法就是为讲解语言知识和让学生掌握言语技能进行教学活动的方法。如：语音教学中的分析模仿法，词汇教学中的翻译法、直观释义法，语法教学中的归纳法和演绎法，阅读教学中的精读与泛读等。

教学方式是运用某种方法的具体做法和步骤，是方法的细节、组成部分。如：分析模仿法中的模仿，精读中的范读和领读，归纳法中的观察语言材料等。

方法和方式的划分不是绝对的。某种方法在一种情况下可能是方法，在另一种情况下可能是方式。比如构词分析在词汇教学中可能是方法，在语法分析中可能是方式。

教学手段是达到某一教学目的、贯彻某项教学原则、运用某种教学方法所采用的工具。如：直观教具、实物、模型等。

教学形式多半是指组织教学活动的形式。如：课堂教学、课外活动、现场或情景教学、全班教学、分组教学、个别教学等。

表达上述基本概念所用的一些术语，并非为日语教学法这一门学科所独有，作为一般的术语我们在其他学科中见到过，但将其引入日语教学法中则有独特的含义。日语教学法的内容丰富，组成这门学科基本结构的就是上述概念。可以说这些概念是日语教学法这门学科的高度概括和高度抽象，因此掌握这些基本概念的内涵和外延就能抓住日语教学法这门学科的中心内容。

这些基本概念既是一个整体，又有其相对的独立性。首先，作为一个整体，它们紧密相关、互相依存。这主要表现在它们之间具有明显的层次关系、依附关系。比如教学原则比教学方法高一个层次，比教学原理低一个层次。这是因为教学原则一方面是由原理决定的，另一方面它又决定方法的选用。其次，它们之间是有区别的。这几个基本概念各有各的作用，互相联系，但不能代替，没有教学原则和方法做保证，原理也将成为空架子。

教学原理只是教学法体系的一个组成部分，它是教学法体系的理论基础。正因为教学法体系是对外语教学理论、方法、途径的总的看法。最初的一些外语教学法体系由于科学发展水平的限制也曾叫作方法。后来为了把一般方法与教学法体系区别开来，多半将教学法体系称为教学途径。外语教育是在国际交往日益频繁的 19 世纪末，20 世纪初开始兴旺发达起来的，随之而来的是各国的一些语言学家、心理学家、教学法家们根据当时流行的语言学、心理学、教育学的理论，通过对外语教学经验的概括和总结，揭示出外语教学的规律，提出关于外语教学的理论、思路的完整学说，即通常所说的教学法体系。如翻译法、直接法、听说法等。教学法体系与一般方法的区别在于教学法体系包括了原理、原则、方法、方式。恰恰是在这点上教学法体系也有别于教学原理。因而教学法体系就构成了外语教学法这门学科特有的科学体系，一些有成就的语言学家、心理学家往往把自己对外语教学法研究的成果纳入一定的教学法体系中去。

第二节 日语教学的目标分析

任何一种教学活动都是在一定的目标体系指引下进行的。日语教学论对日语教学的内容体系做了明确规定，但是内容教学还是以知识和技能为根本的。

按照现代教育观念的要求，在学科教学中不仅要获取知识，掌握技能，还要从人的综合素质提高的角度，对日语教学提出相应的能力目标。在教学过程中，教师要关注培养学生的各种能力，促进日语知识与技能的掌握，从而促进学习者综合能力素质的提高，下面从内容目标与能力目标两个层面来揭示日语教学的目标体系。

一、日语教学的内容目标分析

目前我国的日语教育是以社会力量办学和大中专院校的日语教育为中心开展的，基础教育中的日语教学不占据日语教育的主导地位。而在大中专院校的日语教育（包括日语专业）中，由于"零起点"学习者居多，专业的日语教育是从基础阶段教学和高级阶段教学两个层面开展的。

高等院校日语专业课的教学要求，由于受学校性质、学科培养目标等的限制，对专业课、必修课、选修课的划分各有特点。开设课程的门类不同，课程名称及开设的时间、周学时数也不同，各学年教学要求的制定也有所差异。总之，参考我国各级各类的日语教学纲要以及国际日语能力考试对于不同级别考试的要求，将日语语言和技能教学目标、要求按照基础阶段与高级阶段简单地归纳如下。

（一）基础阶段教学的内容目标

大学一、二年级的日语教学内容标准主要针对大学日语专业（零起点）一、二年级的教学，以及社会力量办学中的最初一两年内的日语教学。

日语专业基础阶段的教学基本要求如下。

1. 知识教学的目标分析

（1）学年教学要保证不低于 500 学时，两年内学生应该掌握现代日语语音、语法、词汇的基本知识，具备听、说、读、写日语的基本技能；能够在所学语言材料范围内正确、熟练地运用日语进行口头、笔头交际，为进一步学习日语打下坚实的基础。

（2）掌握日语语音的基础知识，朗读或说日语时，发音、语调基本正确，合乎规范，没有明显的语音错误。

（3）掌握日语基础语法，概念清楚，对日语语法中的主要项目、难点理解透彻，在语言实践中能够正确运用，无大错误，不影响交际。

（4）接触日语单词 8000 个左右，基本句型 250 个以上，惯用词组 200 个以上，其中积极掌握的应不少于一半。

2.语言技能教学目标分析

（1）在听方面，能听懂日本人一般性的讲话，听懂难易程度与所学课文接近的各种文章的录音。其中生词不超过 3%，没有生疏的语法现象。

（2）在说方面，能较流利地进行日常生活会话，能与日本人进行一般交际性和事务性交谈，能在已学过的题材范围内进行 3 分钟以上的连贯性发言，无明显的用词与语法错误。

（3）在读方面，能朗读生词不超过 3%、没有新的语法现象的各种题材的文章，要求读音正确，面带表情。能不借助词典快速阅读难易程度与所学课文接近的文章，内容理解确切，并能口头用日语叙述大意，能借助词典阅读非专业性的一般日文报刊。

（4）在写方面，能记述和改写听懂和读懂的文章，能在两小时内写出 600 字以上的应用文、记叙文，文理通顺，语法、用词基本正确。

（二）高年级阶段教学的内容目标

日语专业三、四年级的教学内容是一、二年级日语教学的延伸，与基础阶段的教学相衔接。在进一步练好听、说、读、写、译几项基本功的同时，还要扩大视野，拓宽知识面，学习有关日本文化、文学等方面的内容。参考《高等院校日语专业高年级阶段教学大纲》，对这一阶段的日语教学提出以下要求。

1.知识结构目标分析

按照高等院校日语专业高年级阶段教学大纲的要求，高级阶段的日语教学从语言知识教学转入语言理论、与语言相关的专业知识和理论的教学，需要结合专业选择教学重点和内容。因此课程的具体设置由各学校根据培养目标适当掌握，大纲只是对课程的目标本身做了详细规定。

2.语言技能教学目标分析

高等院校日语专业高年级阶段教学大纲对语言技能的培养目标也做了明确规定，从听、说、读、写、译几个方面提出了具体要求。

（1）听的内容目标

第一，能听懂日本人用普通话以正常语速所做的演讲、谈话，反应快，理解正确，并能复述中心内容。

第二，对电视节目、现场采访的广播及带地方口音的日本人讲话，听后能抓住主要内容和重要情节。

（2）说的内容目标

第一，能用日语较正确地表达自己的思想、感情，能与日本人自由交谈。

第二，经过较短时间的准备，能用日语即席发言或发表学术见解，能就熟悉的内容进行讨论或辩论，阐述观点。

第三，日语语音语调正确、自然，表达通顺流畅，不影响内容理解的明显语法错误。

第四，能根据不同场合、不同对象正确选用不同的语言表达方式，尤其是在词义的褒贬、敬语的使用及语气、色彩的把握方面基本无误。

（3）读的内容目标

第一，能读懂专业性很强的科技资料以外的现代日本文章，除了最新外来语、流行语及个别生僻词汇外，基本没有生单词。

第二，能读懂一般性的日语文章，能理解作品的主要内涵和意境。

第三，能较好地归纳、概括其主要内容。

第四，能独立分析文章的思想观点、文章结构、语言技巧及文体修饰。

第五，对于古文、和歌、俳句等古典作品或文章，借助工具书、参考注释能读懂大意。

（4）写的内容目标

第一，能用日语写出格式标准、语法基本正确、内容明了的书信或调查报告等文体的文章。

第二，能写内容充实，具有一定广度和深度的说明文、议论文以及论文。

第三，在构思成熟的前提下，写作速度可达每小时 600~700 字，无明显语法错误，用词恰当，简敬体使用正确。

（5）译的内容目标

第一，口译时，能在无预先准备的情况下，承担生活翻译；经过准备后，能胜任政治经济、文化等方面的翻译；忠实原意，语言表达流畅，并能区别各种不同的语感和说话人的心态。

第二，笔译时，能翻译用现代日语撰写的各种文章、书籍，借助工具书和注释能翻译一般日文古文。

第三，汉译日时，能翻译与《人民日报》社论程度相似的文章，每小时能译 400~500 字（相当于 1000 日文印刷符号）。

第四，日译汉时，每小时能译 500~600 字。翻译文艺作品时，作品的预期意境及文体风格与原文基本相符，重要内容正确。

3. 实践教学目标分析

日语专业高级阶段的教学目标还包括毕业论文和毕业实习。毕业论文的撰写主要是培养学生书面语言的运用能力，掌握论文的写作方法，提高思考、分析和解决问题的能力。毕业考试合格者可以撰写论文。论文的选题要在所学课程范围内，论文中要有自己独特的见解，引用观点等要注明出处，6000~8000 字。

毕业实习是为了使学生将所学的理论、知识切实地应用到实践中，弥补课堂教学的不足，强化课程所学的知识，提高学生在实践中独立思考和解决问题的能力，为毕业后走入社会做好准备。

随着高等教育人才培养质量与规格改革的不断深入，社会对外语人才的需求从研究型转向实践型。为适应社会对外语人才的需求，各高校也在实习实践课程计划、课程类型、课时量、模式、评价体制等方面做了积极的探索，增添了如见习、顶岗实习、海外实践、社会实践等新的模式。

有的高校日语专业提出了赴日本半年海外实习的计划，还有的高校把日语专业实习实践时间从过去的 6 周延长到 4 个月，把这些实习、见习的课程设置在大三和大四的各个学期，分阶段、分目标地为学生创造接触社会的机会，搭建语言实践平台。对学生的实习、见习的成绩评定主要从工作态度、业务水平、工作成绩、实习或社会实践报告几方面考核，由实习岗位指导教师和学校的带队教师给出评价。

二、日语教学的能力培养目标分析

（一）日语语言知识能力培养目标

语言是一个整体系统，语言结构的三要素——语音、词汇、语法，构成了日语知识教学的核心。语言理论知识的教学就是对语义的辨析、对语义概念的解读、对语言规则的介绍和使用方法的训练。

1. 语音能力培养目标

日语语音能力培养主要是指培养学生有助于顺利掌握日语语音的所有能力。这个能力要素包括遗传生理的和后天培养的几个方面。

只针对一般正常学习者而言，它主要包括能够区分日语语音（音位）的辨音能力，能够准确再现日语语音的发音能力，听觉和动觉的控音能力，发音动作的协调能力，具备自动化言语动作熟练的能力，感知和再现日语语调的能力等。

2. 词汇能力培养目标

日语词汇能力培养目标主要包括有助于学生生成对词汇的感性认识的形象记忆（听觉、视觉和动觉的），迅速而准确地区分近似词的能力；迅速形成新概念的能力；区别词义的能力，迅速理解词的具体（上下文的）意义的能力，识记各种日语词组、短语、成语的能力，在感知日语时迅速认知和理解词的能力，迅速找出必要的日语词来表达自己的思想的能力等。

3. 语法规则能力培养目标

日语语法规则教学的能力培养目标主要包括具备分辨各种词类和句子成分的能力，察觉日语词汇结构及语法特点的能力，根据语法规则变化单词并将词汇连成句子的能力，迅速而准确地辨认和再现各种句法结构的能力，正确掌握词的一致性关系的能力，熟练地正写与正读的能力等。在修辞方面，要具备概括语体词汇和语法特点的能力，辨认和再现各种语体的能力。

（二）日语技能的能力目标

语言是用于交际的工具，人们通常采用听解、会话、阅读、写作的方式进行交际。因此，外语教学论将"听、说、读、写"称为外语学习的四项基本技能（以下简称"四技"）。

技能是指身体各部分的灵巧动作或感官的敏锐程度。外语的"四技"训练，实际上就是对我们应用外语时的口、眼、耳、手等感觉、听觉、视觉、触觉器官进行的外语适应或外语熟练的训练。在训练这些语言技能的同时，也会逐步提高各种言语能力。

1. 听解能力培养目标

听是获得日语知识和技能的源泉和手段之一。听解既是听觉器官的运动过程，也是一种复杂、紧张、富有创造性的智力活动，它要求听者在这种活动过程中积极地进行感知、记忆、分析、归纳、综合等思维活动。因此，听力训练又是一种重要的智力训练。

根据听的心理特点，把听的能力概括为：快速、迅速捕捉和存储信息的能力，辨别各种语音的能力，适应日语语速的能力，长时间的听解能力，综合和概括的能力，判断力等。帮助学生了解听的心理特点，掌握提高听解能力的方法，是听力教学关于听解能力培养的目标。

2. 会话能力培养目标

会话又被称为"说"。会话是一种积极的言语活动，是不经分析和翻译，迅速用外语表达思想的一种技能。它不是简单地重复已经学习过的语言材料，而是创造性地组织已经学过的语言材料表达自己思想的一种行为方式。

会话能力是一种复用式言语能力，根据会话的特点，把会话能力概括为以下几个方面。

（1）自如地、创造性地运用已经学习过的语言材料表达思想的能力。

（2）注意力集中在会话的内容而不是语言表达形式的能力上。

（3）敏捷思考和快速运用语言的能力。

（4）会话过程中的日语思维能力（或排除翻译的能力），应对无主题对白的语言交际能力等。

帮助学生了解说的特点，掌握会话能力的提高方法，是会话教学关于会话能力培养的目标。

3. 阅读能力培养目标

阅读是获得语言知识的重要手段之一，人们通过阅读可以实现间接言语交际。特别是在当今，由于信息技术和现代化网络架起了通信桥梁，网络在线阅读已经普及，获取日语阅读材料的条件比过去成熟许多，通过阅读获取日语知识已经成为一种重要的学习方式。阅读能力是培养其他言语能力的杠杆，所以，对阅读能力的培养也是外语学习的一项重要任务。

阅读能力是指感知、识别和理解语言材料的能力，具体包括辨认词、词组、句子结构的能力，把握段落中心思想和作者思想发展趋势的能力，弄清句、段之间的关系和诸如指示代词的实际内容等方面的能力，对文章整体的综合理解的能力等。帮助学生了解阅读的心理特点，掌握阅读能力提高方法，是阅读教学关于阅读能力培养的目标。

4. 写作能力培养目标

写作是借助文字符号传递信息的语言活动或语言交际形式，是一种语言输出过程，也是重要的语言交际活动。随着网络的不断普及，网上交流日益频繁，日语应用写作从书信、公文、科学论文、文艺作品等领域扩展到网络信息交际等领域，增强了写作的应用性，对写作能力的要求也逐步提高。因此，对写作能力的培养也是日语学习的一项重要任务。

写作能力包括书面造句能力、搜集素材能力、书面语言的运用能力、捕捉灵感能力、构思能力、组织和形成思想的能力等。帮助学生了解写的特点，掌握写作能力的提高方法，是写作教学关于写作能力的培养目标。

5. 翻译能力培养目标

翻译是在准确、通顺的基础上，把一种语言信息转变成另一种语言信息的行为。其分类有许多种，如根据翻译者翻译时所采取的文化姿态，分为归化翻译（意译）和异化翻译（直译）；根据翻译作品在译入语言文化中所预期的作用，分为工具性翻译和文献性翻译；根据翻译所涉及的语言形式与意义，分为语义翻译和交际翻译；根据译者对原文和译文进行比较与观察的角度，分为文学翻译和语言学翻译；根据翻译媒介，分为口译、笔译、视译、同声传译、机器翻译和人机协作翻译、电话翻译等。由于上述分类在语言表达形式上只包括有声语言和符号语言，因此，在讨论翻译能力时，只在口译、笔译两个大的概念下展开。

（三）日语情感教学的能力培养目标

达尼艾·格尔曼所著的《情感—心理智能指数》一书从五个方面分析了情感学习能力，即自我认识能力、自我驾驭能力、自我修正能力、共鸣情感产生、社会协调性。

根据这一理论，把日语学习的情感态度能力归纳为：学习愿望与兴趣的培养能力；树立良好学习动机的能力；调节个人情绪的能力；勇敢、积极地参与语言实践的能力；与他人的协作能力；探索精神与毅力；培养克服困难的勇气和决心的能力；吃苦精神；人际交往能力。帮助学生适时地调节自我学习的心理特点，是教师教学过程中对学生情感态度培养的目标。

（四）日语策略学习能力的培养目标

学习策略是学习者为掌握某种知识和技能所采用的一系列方式方法。其通常从四个方面来理解：认知策略、调控策略、资源策略、交际策略。外语能力的形成除了受教学策略的影响外，还需要通过学生的学习实践活动来体现。日语能力形成的一个重要条件就是学习策略的选择。

日本名古屋大学教育学研究科伊藤崇达根据"失败的努力归属与学习动机没有关系"的结论，对原因归属、学习策略与自我效能感之间的关系进行了调查研究，得出了"与认知的学习策略相比，自我调整学习策略与自我效能感之间的相关更为显著。在诸多的学习策略中，学习者自我调整学习策略最为重要"的结论。

这一研究表明，自我调整学习策略对学习成就的获得具有重要意义。假设将学习中遇到的困难看作学习的暂时性失败，那么调整自我的学习策略就是克服困难的最重要的武器。

日语学习活动中策略学习的能力主要包括：选择有效感知、记忆、联想等方法的能力；选择合理预习、复习策略的能力；有效理解知识和概念的能力；主动探索符合日语学习规律的学习技巧的能力；调节学习中自我生理与心理机能的能力；正确评价自我学习的能力；监控自我学习的能力；管理自我学习的能力；在团队学习中发现及借鉴他人学习方法的能力；选择既适合自我个性心理特征又可有效地促进交际的行为方式的能力。帮助学生了解学习过程的特点，掌握学习方法和策略，是学习策略能力培养的教学目标。

（五）日语跨文化能力的培养目标

跨文化学习主要有跨文化接触、跨文化理解和跨文化交际三个过程。跨文化接触，就是个体通过有选择地借用母国文化来接触跨文化，对跨文化所做的富有个性特征的统合和再现。跨文化理解就是辩证地认识日本文化的内涵、思想观点。

学习者固有的价值观、思维方式会直接影响对跨文化的理解和认识。跨文化交际又被称为跨文化知识应用，主要是指与日本人进行交际时如何避免发生文化冲突，使交际朝着我们期待的目标发展，保障交际的顺利进行。

日语教学关于跨文化的能力培养重点不在于跨文化接触，而在于对跨文化的理解和跨文化交际能力的培养。结合日语的学习特点，将跨文化能力概括为意志决断能力、问题解决能力、创造性思考能力、批判性思考能力、有效的交际能力、人际关系能力、自我认识能力、共鸣能力、情感控制能力、对焦虑的处理能力（心理调节能力）。

意志决断能力，即明确自我究竟要做什么、想做什么这一目标意识，从而决定自我行为目标和方向；问题解决能力，包括目标设定，其中最重要的是发现问题和选择最恰当的解决问题的方法以及如何达到目标的企划能力；创造性思考能力，即把获得的信息进行创造性的组合，创造出独特的思考和计划的能力；批判性思考能力，即对获得的信息、经验以客观的方法进行分析的能力；有效的交际能力，即采用言语与非言语形式自我表达的能力；人际关系能力，即与他人保持良好人际关系的能力；自我认识能力，即对自我的性格、优缺点、愿望、好恶等的认识能力；共鸣能力，即对他人的意见、情感、立场、心情能够产生共鸣又不为其所左右的能力；情感控制能力，即对喜怒哀乐等情感的自我控制的能力；对焦虑的处理能力，即了解跨文化学习过程中产生的焦虑源，为解消焦虑而采取适当措施的能力，也称作心理调节能力。帮助学生了解跨文化理解和交际的特点，掌握跨文化学习的方法，是跨文化教学关于跨文化交际能力的培养目标。

第三节　日语教学的基本原则

教学原则对教学活动的顺利有效进行有着指导和调节意义，能够为教师积极有效地开展教学活动提供依据。

普通教学原则包括有序性原则、教学最优化原则等。有序性原则是指教学工作要结合学科的逻辑结构和学生的身心发展情况，有次序、有步骤地开展，以期使学生有效地掌握系统的科学知识，同时促进学生的身心健康发展。教学最优化原则是指教学活动中，要对教学效果起制约作用的各种因素，进行综合调控，实施最优的教学，取得最优的教学效果。

日语教学原则是日语教学规律的反映，是在一定的教学原理指导下对学生掌握语言知识和语言技能的基本路子、途径的总说明。不同的外语教学法流派的理论依据不同，对外语教学规律的认识也不同，对反映教学规律的教学原则的认识也不一致。日语教学不仅要遵循教学一般原则，还要根据语言学、心理学、教育学、生理学、系统论等科学的最新研究成果，吸取各教学法流派的优点，制定适合我国学习者开展日语教学的基本原则。

21世纪教育的终极目标就是培养全面、和谐发展的人才。作为国民教育的一个组成部分，日语教学也肩负着这个使命。人的发展包括内因和外因两个因素。内因是指正常的健康的个体身心内部发展要素，主要有两个方面，一是遗传素质，二是人的主观能动性。

遗传素质是生物因素，是人的发展的物质基础和前提条件。遗传素质的成熟程度，影响着人的身心发展过程和阶段。主观能动性属于心理范畴，人的主观能动性的性质、方向和水平都离不开教育的培养和塑造。

人的发展的外因是指影响个体发展的一切外部客观条件，包括自然条件和社会条件，在外语教学中通常称之为语言教学环境。人的发展的内部因素和外部因素是通过实践活动和教育活动实现和谐统一的。

人的发展是教育的宏观目标。外语教学的具体目标是掌握语言知识，培养语言技能，要想实现这一目标，必须通过教师的教学实践和学生的语言实践来完成。日语教学原则必须遵循教育方针，符合教学规律和语言学习规律，为完成语言教学的根本任务服务。从这个意义上，把日语教学原则体系归纳如下。

一、以提高学生的综合素质为目标

人的素质是指人所具有的从事某种活动的生理、心理条件或身心发展水平，包括人的先天禀赋和被内化了的后天教育、影响等诸多因素。人的素质可分为个体（个人素质）的和群体的（民族素质等）。

就个体的人来说，其素质又有生理的（身体的）和心理的等。其中心理的既包括知觉、记忆、想象、思维、情绪、情感等与生俱来的心理特质，也包括被内化的属于文化范畴的政治的、思想的、道德的等社会性心理内容。

日语教学除了使学生掌握日语知识和技能外，还要使其通过对日语课内外的学习提高文化修养。它不但使学生受到思想教育、道德教育、人生观价值观的教育，同时还开启学生智力，培养能力，把日语教学与人的全面发展这一教育教养任务有机结合起来。

提高学生的综合素质，对教师有以下要求：

（1）在教学过程中要注重挖掘学生的智力潜能，发展学生的智力水平。外语学习的智力要素主要包括语言感知能力、观察力、记忆力、联想力、逻辑思维能力、创造力以及学生的自学能力。

（2）在教学活动中要注重对学生四项基本技能的培养，即外语学习的能力要素。它包括听解能力、会话能力、阅读能力、写作能力，有学者把翻译能力也纳入外语能力的要素范畴。

二、创设各种形式的语言学习环境

在我国开展日语教学活动的特点之一在于它是一种间接认识，学生在教学中以学习书本知识为主。

生活中的语言是鲜活的，有时候语言规则也不能完全解答现实中所使用的语言现象，更何况作为外语的日语语言与学生的生活和他们自己的个人经验存在相当大的差距，有些对他们来说甚至是完全陌生的。而人的认识总是从感性上升到理性，从具体过渡到抽象，完全没有感性认识和具体形象做基础和支撑，是不可能真正掌握语言概念和文化背景知识的。

由于书本知识与学生之间客观存在的距离，学生在学习和理解的过程中必然会遇到各种各样的困难和障碍，创设多种形式的语言环境和语言学习环境，对学生的成长有重要意义。创设语境可以采取以下措施：

（1）模像直观。模像直观是运用各种手段对实物的模拟，包括图片、图表、模型、幻灯、录音、录像、电影、电视等。实物直观虽然具有真实有效的特点，但往往因受实际条件的限制而无法使用，而模像直观则能够有效地弥补实物直观的缺憾，特别是现代技术在教育领域中的应用，使模像直观的范围更加广阔，无论是历史还是现实，都能够借助某种技术手段达到直观的效果。

（2）语言直观。语言直观是教师运用自己的语言，借助学生已有的知识经验进行比喻描述，引起学生的感性认识，达到直观的效果。

与前两种直观相比，语言直观可以最大限度地摆脱时间、空间、物质条件的限制，是最为便利和经济的。语言直观的运用效果主要取决于教师本人的素质和修养。

（3）完善教学条件设施。在科学技术高度发达的当代，日语教学外部环境已经达到了一个相当高的水平，日语教学所需要的图书情报资料、影像设备、网络媒体资源为创设语言学习环境提供了可能。

在日语教学中切实有效地创设好语言环境和语言学习环境，对教师提出以下基本要求：

（1）恰当地选择直观手段。教学课程内容、目标不同，教学任务不同，学生的年龄特征不同，所需要的直观手段也不同。

（2）直观是手段而不是目的。一般来说，当教学内容对于学生来说比较生疏，学生在理解和掌握上遇到困难或障碍时，才需要教师运用直观手段。为直观而直观，只能导致教学效率的降低。

（3）在直观的基础上提高学生的认识。直观给予学生的是感性经验，而教学的根本任务在于让学生掌握理论知识，因此教师应当在运用直观时注意给予学生指导，比如通过提问和解释鼓励学生细致深入地观察，启发学生区分主次轻重，引导学生思考现象和本质及原因和结果等。

（4）合理选择教学优质资源，应用最有利于学生理解、掌握教学内容的教学技术手段和教学方法，不走形式，不浪费宝贵的课堂教学时间。

三、有效激发学生的学习动机

"有领导的认识"是教学活动的特点之一。没有教师的主导作用，学生是难以自行完成掌握陌生语言文化知识和技能的任务的。

教师对于教学任务能否完成和教学效果的优劣都负有主要责任。然而，学生才是教学活动的主体。教师的主导作用首先在于激发学生的求知欲和学习兴趣，建立积极的日语学习动机，使他们能够自觉主动地学习。离开了这一点，学生对语言知识和技能的真正掌握、学生智力的发展、学生态度感情的成熟和提高都是不可能的。

学习动机是推动学生进行学习活动的内在原因，是激励、指引学生学习的强大动力。

其心理因素包括：学习的需要，对学习的必要性的认识及信念；学习兴趣、爱好或习惯等。

从事学习活动，除要有学习的需要外，还要有满足这种需要的学习目标。由于学习目标指引着学习的方向，可把它称为学习的诱因。学习目标同学生的需要一起，成为学习动机的重要构成因素。学生的学习动机可以通过教育教学过程加以培养。培养学生的学习动机对教师有以下要求：

（1）要通过目标设立、奖惩机制、选择受关注的热点问题等激发、启发学生的学习自觉性。

（2）要激发学生的好奇心与求知欲，帮助学生通过直观或实践活动形成稳定的学习兴趣。

（3）根据阿特金森的成就动机理论，总是给学生提供难易度系数为 50% 的学习内容，因为在这个难易度系数下，学生的学习动机最强。

（4）对于缺乏学习动力的学生，还可以利用其爱好诸如日本动漫、网络游戏等原有动机，通过必须掌握知识才能完成的影视欣赏或游戏任务造成动机的迁移，以形成学习的需要。当学生已经有了种种学习需要之后，为了将其维持、加强或进一步发展，还必须做好动机的激发工作。激发学生的学习动机，对教师的要求如下：

（1）采取启发式教学、讨论式教学、辩论式教学等新颖而生动的教学方法，激发学生参与语言实践活动的意识，提高其语言应用能力。

（2）创设问题情境启发学生积极思维。为此，教师要熟悉教材，掌握教材的结构，了解新旧知识之间的内在联系，还要了解学生已有的认知结构状态，使新的学习内容与学生已有发展水平构成一个适当的跨度。创设问题情境的方式多种多样，既可以用教师设问的方式提出，也可以用作业的方式提出；既可以从旧教材与新教材的联系方面引入，也可以通过学生的日常经验引入。

在教学过程和教学结束时，也可以创设问题情境。问题情境创设的方式多种多样，并且应该贯穿整个教学过程的始终。

（3）创造轻松自由的课堂气氛，避免学生过度紧张和焦虑。

（4）适当开展学习竞赛，处理好竞争与合作的关系，建设合作型课堂结构。多伊奇（M.Deutsch，1949）的目标结构理论认为，由于团体中对个人达到目标的奖励方式不同，导致在达到目标的过程中，个体之间相互作用的方式也不同。

研究表明，个体相互作用的方式主要有相互对抗、相互促进和相互独立三种形式。与此相对应，也存在着三种现实的课堂目标结构：竞争型、合作型和个体化型。在竞争型目标结构中，团体成员之间的目标具有对抗性。只有其他人达不到目标时，某一个体才有可能达到目标，取得成功；如果其他人成功了，则降低了某一个体成功的可能性。

激发学生学习动机的方式和手段多种多样。只要教师有效地利用上述手段来调动学生学习的积极性，学生就有可能学得积极主动，并学有成效。

四、重视跨文化交际能力的培养

外语教学的主要目的是培养学生的交际能力，而交际能力主要由语言能力和社交能力构成。交际是通过言语和非言语行为来实现的，不了解对象国的文化就不可能真正具备跨文化交际能力，交际行为也受使用者的文化制约，同时也是其文化的载体。在日语教学过程中，对跨文化交际能力的培养应着重研究干扰交际的文化因素。这些因素包括语言手段、非语言手段、社交准则、社会组织、价值观念等。

语言包括词语的文化内涵、篇章结构、逻辑思维以及翻译等方面。非语言手段指手势、身体语言、服饰、音调高低、微笑、沉默、对时间与空间的不同观念等。社交准则泛指人们交往中必须遵循的各种规则以及某些风俗习惯。

社会组织指家庭中各成员的关系、同事朋友关系、上下级关系等。价值观念包括人与自然的关系、道德标准以及人生观、世界观等。

重视对学生跨文化交际能力的培养，主要作用在于以下几个方面。

（1）了解不同文化的交际功能模式，能使学生进一步意识到不同文化背景下的人们惯用的言行交际方式。

（2）了解不同的文化行为及其功能，能增强学生对不同文化背景的人们的通常行为的了解，并把他们与受自身文化影响的行为联系起来。

（3）了解不同文化背景的人们的人生观、价值观、世界观及道德标准，能增强学生对自身文化的意识以及对不同文化、不同道德标准的人们的理解。

（4）了解不同文化背景的人们的日常生活模式和言语及非言语行为方式，重点是人们日常生活中的常见行为，能帮助学生了解具体情景的行为原则。

在日语教学中贯彻这一原则，对教师有以下要求：

（1）明确跨文化能力培养的主要任务，即培养学生对人们的行为都会受到文化的影响的理解力；培养学生对社会的理解力，这种影响力会受诸如年龄、性别、社会阶层、居住地等因素的影响；增强学生对在一般情况下日本文化中常规行为的意识；增强学生对日语中词和短语文化内涵的认识；培养学生用实例对日本文化进行评价和完善的能力；培养学生获取日本文化信息并对其进行加工整理的能力；激发学生对日本文化的求知欲并鼓励学生体验与日本人的文化共鸣。

（2）掌握跨文化能力培养的基本方法，如对比法、交际法、演示法、实物以及图片参照法、讨论法等。

（3）注重行为文化的导入，要把语言习得和文化习得有机结合起来，使学生通过学习获得语言能力、言语能力和交际能力。

五、教师指导和学生自觉学习相结合

教学活动中，到底应该以教师为中心还是应该以学生为中心，一直是教育史上重大的争论焦点问题。如赫尔巴特所强调的"教师的权威"主张"教师主体"，杜威提出的"儿童中心论"主张"学生主体"。就教育过程的本质和教师的作用来说，在整个教育教学过程中，教师应处于主导地位，原因如下：

第一，教师是教育方针、教育计划的贯彻执行者，教师主导着学生的发展方向和质量规格。

第二，教育本身是有目的有计划的育人过程，人的发展是在教育过程中靠教育者有组织有计划的系统实现的，任何教学大纲、教学计划和教科书都取代不了教师在培养人方面所起的作用。

第三，教师受过专门训练，具有扎实的专业知识和教学经验，懂得教育规律，掌握着教学方法，因此，学生的学习只有在教师的指导下才能在短时间内取得最佳效果。

但是，应该看到，教育过程是师生的双边活动，必然离不开学生的积极主动参与。调动学生的积极性与主动性，不仅是教师主导作用的内涵之一，也是衡量教师主导作用发挥程度的重要指标。因此，就教育过程的总体来说，在教与学这两个主体的关系上，教师处于主导地位。

学生是学习的主体，在教育过程中，学生是学习任务的主要承担者。相对于学习内容而言，学生是学习的主人，与学生主体相对应的是学习的客体，它不仅包括教师所施加的一切教育影响，也包括教师本身。因此，认识到学生的主体地位，可以提示教师在教的过程中想到学生的学，并自觉调动学生的学习积极性和主动性。在教育过程中，学生具有主体和客体的双重属性。承认学生的客体地位是教师发挥主导作用的前提，明确学生的主体地位是提高教育活动效果的关键与根本。在教学中要充分调动学生学习的自觉积极性，使学生能够主动学习，最终理解并掌握所学知识。

教师要面向每个学生，充分了解学生。现代教育强调，不能够要求学生适应教育，而是要使教育适应学生。除学习成绩以外，学生的个性特征的各个方面、家庭背景、生活经历等，都是教师因材施教所需要了解的。教师应尊重学生的差异。学生的差异不仅是客观存在的，而且是合理的。日语教学各阶段的课程目标都包括一级目标、二级目标，在达到各目标标准的基础上，教师应当允许学生存在不同方面、不同水平的差异，并且针对每个学生的具体条件帮助他获得最适宜的个性发展，而不是去普遍地增加难度和深度。良好的教育培养出的是大批个性充分发展的人，而不是千人一面的"标准件"。

六、合理处理日语教学中的关系

（一）处理好汉语和日语的关系

外语教学法视其对母语的态度分为两大学派：翻译法和直接法。翻译法充分发挥母语在外语学习过程中的作用；直接法在外语学习过程中完全排斥母语。在日语教学实践过程中，如何处理好作为母语的汉语和日语的关系，直接影响着教学方法的选择和教学效果。

语言是约定俗成的，语言具有民族性和科学性。语言学上日语和汉语属于不同语系，汉语属于汉藏语系分析语，有声调。汉语的文字系统——汉字是一种意音文字，表意的同时也具备一定的表音功能。而日语属于黏着语，通过在词语上粘贴语法成分来构成句子，称为活用，其间的结合并不紧密，不改变原来词汇的含义只表示语法功能。

在日语教学过程中切实有效地处理好母语与日语的关系，对教师有以下基本要求：

1. 把握母语的使用

分析一般外语学习者能在有限范围内用外语思维的原因可以得知，这不是从学习初始就排斥母语的结果，而是反复操练和反复使用外语进行真实交际的结果。学生在学习和使用日语语言过程中必然要经历两个阶段：一是日汉、汉日的翻译过程，这是学习的初级阶段；二是完全用日语思维，排除翻译的过程，这是学习的高级阶段。

学生在掌握外语的过程中，总要经历"自觉到不自觉"的过程，也就是先借助母语作为外语与概念的中介来学习和使用外语，而后逐渐摒弃这个中介，在外语和概念之间建立直接联系，这是使用外语的内部心理机制的一个质的变化。掌握外语的过程就是实现飞跃的过程。而要实现飞跃，关键在于反复实践。

学习者在控制使用母语翻译过程中，有积极和消极两种类型：自我调控能力强、能自觉训练排除母语翻译过程的学生，进步快，口语能力强，语速快，属于积极的类型；反之，是消极类型。为促进学生抛开母语中介，达成学习质的飞跃，教师需要对学生学习进行有效指导，引导学生在听力、会话、阅读、写作过程中逐步养成"直读直解"的习惯，学会用日语思维。教师在课堂上尽量不说或者少说汉语。同时直观释义法或者日语解读法都是有利于克服母语干扰、培养日语思维能力的有效教学方法。在教学过程中，对待母语汉语既要控制使用又要好好利用。翻译法只讲利用不讲限制，直接法只讲限制不讲利用，两者都具有片面性。用翻译法释义是最节省时间的授课手段，但是，它并不是最理想的手段。由于语言并不是一一对应的，翻译释义有时候很危险，容易引起学生片面理解词汇意义，造成语义误读。

可见，一个词会产生多种意义，用许多的汉语词汇来翻译，只会带来记忆困难。所以，无论是从语言思维的培养角度还是从准确认知并正确运用语言的角度，都建议用日语授课。

那么何种情况下可以使用汉语翻译？可以参考如下情况。

第一，用日语或者直观法难以释义的词汇、成语、句子、语篇可以适当使用汉语翻译或解释，节省教学时间。

第二，作为检查学生对知识的掌握情况的手段，教师可以用翻译法。

第三，区分日、汉语言规则和概念时，可以适当使用汉语。

第四，区分日语近义词意义时，可以适当使用母语翻译。

2. 努力克服母语的干扰

汉日语言的相近性既会为我国的日语学习者学习日语带来便捷，也会带来困扰。首先，日语中虽然使用大量的汉字，但是有些日语汉字的语义与现代汉语的意义截然不同。此外，日语中的长短音、促音、浊音等发音是汉语中所没有的。

汉语的语序是"主—谓—宾"结构，日语是"主—宾—谓"结构，谓语在句子末尾，对于习惯汉语表达方式的学习者来说，语言思维的转换是学习语言面临的最大困难。日语的句子成分在句子中的作用和地位是由助词来决定的，语序不决定语义，这些都与汉语有很大差异。

学习者在认识、掌握、熟练语言规则的过程中，必然会遭遇母语的强烈干扰，所以，在初学者乃至于学习很长时间日语的学习者身上，总能发生"汉语式日语"的情况。此时，教师的指导就能发挥积极作用。在教学过程中，教师在排除母语干扰方面要选择好的材料，合理分配时间，安排好教学重点，精心设计练习体系，教授时需要"提点学生"，不必展开分析，不能在有限的课堂教学时间内全力专注于区分汉语、日语，要引导学生有目的、有计划地克服母语的干扰。

3. 有效利用汉语的正迁移作用

语言迁移是指母语的影响进入第二语言的习得，包括语言上的影响，如语音、语汇、语法、语义等方面的影响。语言迁移还包括语言之外因素的影响，如思维模式、文化传统、社会历史等方面的影响。

我国的日语学习者在日语学习过程中，首先要解决的是母语汉语的语言迁移问题。

日语与汉语在历史上有过几个相互吸收的阶段。日本在绳文时代是没有文字的。公元四五世纪，汉语传入日本，主要为一部分识字阶层所习用。后来随着我国文化制度和思想学说的传入以及佛教的普及，汉语才逐渐深入融合到一般人所使用的日语中去。很多日语单词的读音也是由当时传入日本的汉语单词的发音演化来的。到了飞鸟平安时代（公元600 年左右），受隋唐文化的影响，借用汉字的某些偏旁部首以及草书体汉字，日本创造了片假名和平假名，使日语有了完整的表记体系。

汉语和日语在历史上始终呈现出紧密的互动，这与两国在政治、经济、文化等方面的广泛交流是分不开的。在日语教学过程中，这些互相融合的语言文化，相对于欧美的学习者，对我国的学习者来说是一种优势。特别是学习日语时，没有哪个国家的学习者能超过我国的学习者。此外，同属于东方儒文化圈的我国和日本，在价值观、传统思想方面有着共源的特点。例如，我国和日本都崇尚"和为贵""仁礼孝"等，文化差异性小，这就减少了我国的日语学习者跨文化学习的压力。有效利用汉语与日语语言上、文化背景上的相似或相近的特点，促进汉语固有知识和经验在日语学习过程中的正迁移，是日语教师必须坚守的原则。说到学习迁移，我国的学生在日语学习之前，大多学习了英语。应该看到，这种东西方文化差异很大的语言学习，开拓了学习者跨文化学习的能力，日语近代以后大量引进西方文化，语言词汇中也有大量的外来语。在学习迁移中，教师也应该关注到英语学习对日语学习的迁移作用。

（二）处理好语言知识教学和语言技能教学的关系

在语言学中，当语言和言语作为术语而对立使用时，语言指的是语音、语法、词汇系统；言语指的是用语言进行听说读写的交际活动。语言具有全民性，而言语具有个人性。

在日语教学中，重视语言，就会以教授语言形式、结构规则为主，以分析讲授为教学模式，教学活动中心是教师，教学设计多为封闭的、固定的模式；重视言语，就会以语言实践为主，以学生为活动中心，根据语言话题、内容、语义、语境等的变化，设计多为开放的、弹性的教学模式。

日语知识的获得和能力的培养究竟是怎样达成的？习惯习得理论认为，"语言是习惯的体系"，外语学习靠模仿记忆，反复操练，直到新的语言习惯形成。但是，它重视语言学习的条件反射训练，忽视人的主观能动性、逻辑思考力和理论知识的作用，具有片面性。认知学习理论认为，语言学习是一种创造性的活动，要重视智力和语言规则，但是它对语言技能的形成需要通过反复实践认识不足。

掌握一门语言，语言知识是基础，是言语能力形成的保证；言语技能是语言学习的最终目标；使学生能自如准确地运用语言进行交际活动，是日语教学的根本目的和任务。日语教学必须把语言知识学习和言语技能训练作为同等重要的任务来完成。

语言知识是有限的，词汇、语法是约定俗成的，有一定规律可循。选取难易度、知识内容都符合教学目标设计的教科书，设计合理的教学计划和课程计划，在教师的指导下，学生就能够达成掌握知识的目的。言语技能的培养则需要更长的时间。

J. 布鲁纳认为，学习一门学科，包含三个同时发生的过程，即知识的获得、知识的转换和知识的评价。R.M. 加涅则认为学习过程存在八个阶段，即引起动机阶段、了解阶段、获得阶段、保持阶段、回忆阶段、概括阶段、作业阶段和反馈阶段。奥萨贝尔认为一个完整的学习过程包括三个阶段，即习得阶段、保持阶段和再现阶段。笔者认为，外语知识的掌握过程由五个认识活动的环节构成，即教材的直观、教材的概括、教材的识记、教材的保持和教材的具体化。教材的直观和概括是由教师主导完成的，教材的识记、保持和具体化是学生的行为，必须通过反复训练、巩固记忆才能达到纯熟。所以，比起知识的传授，教师在对学生进行听说读写能力培养方面要付出更多的努力。处理好语言知识教学和语言技能教学关系，对教师有以下要求：

1. 语言知识教学原则

（1）语言知识教学方面要处理好课文教学和语音、词汇、语法教学的关系。

语言体系内部包括语音、词汇、语法三个要素。语音是语言的外壳，词汇是语言的建筑材料，语法是一个个孤立的词汇的黏合剂，三者统一，才能使语言成为交际的工具。

外语教学大纲是把学生必须掌握的词汇和句型按照五十音图的顺序逐一列出，把语法项目归类列出。但是，大纲只能是教学纲要和指导，不能够代替教科书应用于教学过程中。

课文教学规定了语法、词汇、语音知识的讲解范围和教学内容，按照初、中、高级阶段技能教学的不同侧重点，课文教学在方法上可以发挥统筹、协调的作用。

课文教学不能全部解决语言规则的问题，如果不能有效地解决语音、词汇、语法的问题，课文的教学也无法进行。所以，对语言三要素的单项训练也不容忽视。有教师在精读课教学上先讲生词，再讲语法，然后进入课文和练习；也有的教师以课文段落为单位，逐段讲解生词和新的语法。这两种做法各有利弊。先讲新知识就会后讲课文，语言的练习会集中在一个个知识点上，对掌握新知识有益，对课文进行综合训练会有所不足；逐段讲解新知识点，会以本课要解决的问题为核心，不利于新知识点的系统化和单独训练。教学过程中无论采取哪种做法，如果能够做好教学设计，有意识地规避这些弊端，就能够保证教学方法的合理性和科学性。

笔者建议根据日语不同教学阶段，采取不同的教学模式：初级阶段重在听说，对于学习者来说，新知识多，语法规则入门较难，所以要以先讲知识后讲课文为主，无论是语言知识教学还是课文教学都要贯彻听说领先、以练为主的方针；高级阶段重在阅读，新的语法规则减少，词汇量增大，词汇学习属于机械记忆的内容多，可以安排课前预习来解决，此时可以围绕课文开展教学。

还应该予以明确的是，在课文内的语言知识是零散的、不系统的，缺乏规律性。对语言知识进行归纳整合，使知识系统化，有助于学生建立起学科知识结构，宏观把握知识。

（2）课堂内外都要关注知识的巩固和应用。

在教学中需要进行不断的巩固工作，通过练习、复习帮助学生牢固地掌握所学知识。在教学中贯彻这一原则，对教师的要求如下：

第一，在理解的基础上巩固。对于所学知识的理解是巩固的前提。教师首先应当保证学生学懂学会，才有可能获得巩固的良好效果。

第二，保证巩固方式的科学性。心理学研究揭示了关于记忆和遗忘的一些规律，按照这些规律组织安排，可以提高巩固的效率。教师应当熟悉并且善于运用这些规律。

第三，巩固的具体方式要多样化。除了常见的各种书面作业外，教师应当善于利用各种不同的方式帮助学生巩固所学知识，比如调查、制作、实践等，都能够使学生通过将知识运用于实际以有效地达到巩固的目的，并且能够促进学生多方面的发展。

第四，保证学生的身心健康。并不是作业越多巩固的效果越好。合理地安排巩固是考验教师教学能力的一个重要指标。

2. 语言技能教学原则

（1）课堂教学要重视语言实践，精讲多练，以练为主。正确使用语言需要懂得概念和理论，但是教学过程中至关重要的与其说是传授语言知识、讲授语言理论，不如说是培养言语能力，让学生掌握语言使用方法。许多教学法专家提出，课堂教学讲与练的比例应该为 1∶5。

教师的讲解是必需的，在讲授方面重在"精"：第一是精选语言材料；第二是精练地、精确地讲解语言。多练是针对讲而提出的，多练不仅仅指练习量多、练习时间多，更重要的在于善于练习：第一是指练习要科学化；第二是指练习要有针对性、目的性；第三是指练习要有助于培养听、说、写等语言交际能力；第四是指练习要符合学生的外语学习心理过程。

（2）语言技能培养方面要四会并重、阶段侧重、全面提高。听、说、读、写既是教学目的，又是教学手段，无论从交际的角度还是从教学的角度来看，这四个方面都是一个整体，相互联系、相互制约、相互依存、相互促进。

说和听属于口语能力，阅读和写作属于书面语能力。外语口语的学习过程是从听开始的，学生通过听来模仿、记忆、重复学会说，听为说提供了范例，创造了条件；会说的话是一定能听懂的，说可以提高听的准确性。

阅读可以接触更多的语言材料，对写作乃至于听说能力的提高都有促进作用；写作能力促进口语表达的逻辑性和语言表达的准确性。听和读是吸收语言材料的过程，说和写是表达思想的过程。

日语教学要在广泛听和读的基础上进行说和写的训练，在说和写的活动中巩固听和读所获得的语言材料，要做到听、说、读、写四项基本技能并重，全面提高言语能力。

大脑生理学的实验表明，听说读写各有各的生理机制，对某一个言语技能的训练必须要独立进行，不能相互替代。一般来说，在初级阶段的日语教学中，口语能力培养是主要任务，要侧重于对听说能力的培养，以读和写的练习来巩固听说训练中掌握的语言材料；中级阶段在继续发展口语能力的同时要加强读、写的训练；高级阶段阅读的训练成为首要任务，同时兼顾口语训练。

七、教学评价要促进教学质量

教学评价是依据教学目标对教学过程及结果进行价值判断并为教学决策服务的活动。教学评价是研究教师的教和学生的学的价值的过程。

评价的方法主要有量化评价和质性评价。对教师实施教学评价主要包括三类人群：教育管理部门的负责人（包括督导）、同行、学生。在学校教育中对学生实施评价的主要是教师和代表各级各类教育管理部门组织的考试评价。

教学评价的方法包括测验、征答、观察提问、作业检查、听课和评课等。评价本身也是一种教学活动。在这个活动中，学生的知识、技能将获得长进，智力和品德也将有所发展。日语教学法主要是从教师评价学生的角度出发讨论教学评价的原则。对教师有以下基本要求：第一，明确多次评价的目的和评价对象，以解决评价的方向性问题。第二，明确每次评价的内容、评价的具体目标。第三，明确为评价而准备的资料。第四，对评价资料做出客观、科学的判断。

任何一个教学原则的确定都要符合教育现代化的目标。教育现代化的内在特征表现为教育民主化和教育主体性。

教育民主化包括受教育的机会均等——不仅是指入学机会均等和获得知识方面的均等，还包括充分发挥每个个体的内在潜力以获得本领方面的均等、师生关系的民主平等、均等地改变所有教师和学生的学习、工作和生活条件等含义。

教育主体性有两层含义：一是尊重学生个体的主体性，让学生主动地、自由地对自己的学习负责；二是尊重教育的自主权，尊重教育的相对独立性，打破模式化教育，用多样化教育造就富于个性的一代新人。

第四节　日语教学法解读

一、日语教学法的概念界定

日语教学法就是研究日语教与学的过程及其规律的科学。日语教学法这一概念包括以下要素：日语、日语教学、日语教学法。日语是指日本民族使用的语言及与语言交际息息相关的社会文化知识。

日语教学是关于日语语言知识与技能的教与学的活动，具体指教师指导学生学习日语语言文化知识，掌握日语听、说、读、写等能力及汉日语言互译能力、跨文化交际能力，同时帮助学生获得一定的身心发展，形成一定的思想品德的活动。学校的日语教学通常是在一定的教学目标指引下，按照既定的教学计划和大纲，采用符合教学目标和教学对象实际的教科书，在具有日语教学技能、日语知识和日语能力的教师的具体指导下，针对特定的教学对象实施的活动。

日语教学法还是研究日语（作为外语）教学理论和实践的科学。日语教学法不仅研究日语教学的基本理论，也研究日语教学的具体方法，如讲授法、翻译法、演绎法、练习法等，还研究针对不同国别、不同年龄段、不同固有知识水平的教学对象开展教学时需要采取的方法和策略。因此，日语教学法既是研究理论的科学，也是师生围绕日语知识与技能展开的教与学的实践活动。

二、日语教学法研究的对象和任务

日语教学法主要研究为什么教（学）、教（学）什么、怎么教（学）、教（学）得怎么样等问题，归根结底是教学的基本过程。

教学过程是一个系统，首先体现的是由教师到学生的"人—人系统"，它是由教师、学生、教学目的及教材、教学方法等要素构成的。教学的培养目标决定着课程的设置、教科书的选择和教学评价的方法、标准等，与教育学、心理学有密切联系。教学的具体内容是日语语言和日本文化，这与日语语言文化密不可分。教学过程中会应用到教学设备、现代教学技术手段，这涉及教学方法与策略。这些都是日语教学法要研究的重要课题。归纳起来，日语教学法的研究对象主要包括以下几个方面：

（1）日语教学的意义。这方面主要研究的问题有以下几个：第一，学习日语对于个人发展和国家建设的意义。第二，学制与学时。在哪一类学校、哪一个年级开设日语，多少学时。第三，日语教学的教育、教养、实用目的及其相互关系，日语教学在实用方面的总目的和各年级的教学目标与要求。第四，各级教育部门有关日语教学的规定。

（2）日语教学的内容。这方面主要是研究教学内容。国家颁布的各层级教学规定了内容范围。教科书根据大纲的要求按照一定的顺序编排、选择具体内容，因此研究"教什么和学什么"的实质是研究教科书问题，如编写和选用教科书的原则、分析教科书的结构和体系等。

（3）日语教学的方法。教学是师生的双边活动，要研究如何教必须先研究如何学。

属于如何学的问题如下：第一，学生在日语教学中的地位。第二，学生学习日语的心理过程。第三，从学习者角度看决定日语学习质量的诸因素，如学习态度、学习兴趣、学习动机、学习外语的适合性（素质）等。

属于如何教的问题如下：第一，日语教学法的理论基础。第二，各种外语教学法流派的理论和实践。第三，适合我国日语教学的理论、原则及与此相应的日语语音、语法、词汇基础知识教学和听说读写基本技巧的训练方法。第四，日语课堂教学和成绩考核。第五，现代教育新技术，除了传统的录音、录像、广播、电视外，最新的网络媒体对日语教学的影响等。

（4）影响和制约日语教学的因素。任何教学过程都是具体的，是在一定的时空范围内开展的，有制约它的诸要素。例如，教学行政管理、教育政策、教师能力素质、教育评价机制等。在解决为什么教、教什么和怎样教的问题时，可以利用相邻科学的研究成果和理论，但是不能抽象、机械地引用，因为这些相邻科学的任务需要回答的问题与日语教学法不同。

教育学的任务是探索一般的教育教学规律。心理学研究人们一般的心理规律和接受一般教育、教学时的心理规律；语言学研究语言本质、人们习得语言和运用语言的一般规律，这些理论有助于日语教学法的研究，但是它们不能直接、具体地回答日语教学过程中出现的诸问题。不断地回答、解决日语教学过程中出现的新问题是日语教学法研究的根本任务。

三、日语教学法的研究途径和方法

（一）日语教学的研究途径

（1）研究日语教学可以史为鉴。日语作为外语教学在我国已有百余年的历史。自1896年清政府在北京同文馆内设立了东文馆（日文馆）起，我国就开始把日语作为外语纳入教育领域。日语教学在我国起源于近代，发展于改革开放以后。作为外语教学的一个分支，日语教学法研究受到以英语教学法为主体的外语教学法的影响。

从外语教学法发展历程来看，我国的日语教学先后经历了翻译法（语法翻译法、词汇翻译法、翻译比较法）、直接法、自觉对比法、口语法、视听法、认知法、自觉实践法、功能法等发展阶段和过程。每种教学方法都有其合理性和不足之处，继承和借鉴已有的教学法，古为今用，洋为中用，取其精华，对丰富和发展日语教学法有现实意义。

（2）研究日语教学可以吸收兼容。与日语教学法相关联的其他学科不断发展，取得新的成果，其中必有能够为我所用的学科理论可以与日语教学实践相结合，指导教学实践，这也是丰富日语教学法的理论宝库。

（3）研究日语教学可以借鉴国外成功经验。20世纪60年代日本经济崛起，日本成为世界经济强国，强大的经济实力也促进了日本的国际化发展，经济腾飞与生存压力、少子化等社会问题的产生也促使日本政府及民间团体纷纷采取措施，大量吸收海外留学生，间接地促进了日本本土的日语教育者研究对外日语教学法。半个世纪过去了，这些来自日本本土的对外日语教学理论为我国日语教学提供了很多可供借鉴的经验。

（二）日语教学法的研究方法

1.研究课题分类

日语教学法的研究课题，按照性质和作用可以分为两大类：第一类是理论性的，其表现形式为专题论文和专著；第二类是实用性的，其表现形式是各种教学文件和资料，包括教学大纲、教材、考题、工具书、参考书等。

2. 研究方法分类

社会科学的一般研究方法有观察、文献分析、面谈、问卷、测试、总结、实践和实验等。

（1）历史文献法。历史文献法又称为历史法和文献法，就是研读国内外各个历史时期关于针对中国人开展日语教学的论述、专题论文、专著，分析、整理、研究各个时期的教学大纲、教材、考题等，从阅读文献入手，以历史的、发展的、批判的眼光探索日语教学理论与实践规律的研究方法。

（2）观察调查法。这是通过对教学现场的观察和调查取得有关资料进行研究的教学方法。观察的对象可以是教师本人，通过微课教学设备录制实验课全过程，课后进行观察。观察的对象也可以是他人的现场教学，获得一手的观察资料和数据，开展调查。

调查旨在取得难以直接观察到的资料，如为了评价贯彻某个大纲、使用某部教科书、采用某种教学方法的实践效果，除了观察教学现场之外，还组织各种调查。

观察调查法主要包括教学现场观察、专门组织的调查测试、学生的作业或试卷调查分析、就某一专题问卷调查、谈话调查等。要对观察和调查的资料与数据进行归类整理和分析，综合研究后才能得出结论。

（3）实验法。这是一种通过教学实践验证原有假设或理论的方法。按实验目的，又可分为试证法和实验法。

试证法旨在通过教学实践验证实验前提出的假设，通常用于探索性研究。一般情况下，研究者在阅读文献或在教学实践中得到某些启发，形成某种设想或假设，然后组织试证教学，以验证自己的假设是否科学，是否可行。

实验法旨在通过教学实践，验证前人或他人的某种理论是否有效和可行。通常用于评论性研究。在许多情况下，在验证前人或他人理论时，研究者往往加上自己实施这一理论的一些补充设想。这样的实验，就兼有试证的性质。在现实的教学实验中，采用纯粹实验法的较少，采用既有试证性质又有实验性质的实验法的较多。

总结法是教师把自己在教学中积累的经验通过分析研究，使感性认识上升到理性认识，探索教学规律。

在研究实践中，文献分析法、观察调查法和实验法往往结合使用。

第一，采用文献分析法研究某个理论问题时，可能通过实验法取得论证资料。

第二，采用实验法评价某项理论时，可能通过观察调查法取得进一步的佐证。

第三，采用观察调查法进行研究时，可能事先通过文献分析法熟悉有关问题在文献资料中的记载。

（4）比较分析法。随着日本经济高度增长期的到来，经济发展需求与"少子化"产生的劳动力不足发生矛盾。自20世纪80年代以来，日本高度重视海外留学生的招收和教育，对日语非母语的学习者日语教育问题研究水平高，成果丰硕。这些日语非母语的学习者或者是以英语为母语，或者是以其他语言为母语，不同母语文化对日语教育教学的研究有不同的影响，结论也不相同。当直接借鉴在日本针对我国学生开展的日语教育研究成果时，由于我国和日本教学环境存在差异，可以采取比较分析的方法，研究不同文化背景、不同语言教学环境下的教学法理论和方法。同为外语教学法学科体系的英语教学、俄语教学的理论及方法也有助于丰富和发展日语教学法的理论，指导日语教学实践。

可以采取纵向比较（如针对不同国别学习者日语教学法比较）、横向比较（如英语教学法与日语教学法比较；实验组与对照组比较）、同类比较（如在我国的日语学习者和在日本的中国人日语学习者的日语教学比较）、相异比较（如男、女日语教学法比较）、定性与定量比较（如影响日语教学的因素与影响值比较）等方法。

（5）经验总结法。日语教学是实践的过程，教学经验来源于教学实践，只有认真、科学地总结经验，并将其上升到理论高度，才能在更广泛的范畴内指导教学实践活动。总结经验需要我们具有明确的科学研究意识，选准研究课题与对象，把握方针政策，掌握国内外研究现状，制订研究计划，搜集具体事实，在此基础上进行分析和综合，并广泛论证，总结成果。

3. 研究工作的一般步骤

（1）准备阶段。这个阶段有两项主要工作：准备研究条件和拟订研究计划。

准备研究条件：收集文献资料（文献分析法），确定需要观察的班级及需要调查和收集的资料，编写调查测试用考题、问卷，选定各项活动的对象（观察调查法），准备实验用品（实验法）。

研究计划内容：研究课题，研究的目的和意义，研究内容的提纲初稿，工作进程，各阶段完成日期。准备研究资料和拟订研究计划这两项工作常常交叉进行。例如，要准备文献资料，先要取得课题；而要取得课题，又往往需要准备必要的条件。

（2）计划实施阶段。准备工作基本就绪，开始按计划开展研究活动：阅读文献、观察调查、实验。在这一阶段必须做好文献摘录及各种资料的记录、收集、整理、分类等工作。

（3）分析判断阶段。资料收集齐全、实验完成，就要对取得的各种资料从定量到定性两方面进行统计、分析、归纳、判断，得出规律性的、有说服力的或者有启迪性的结论，形成观点。

（4）表述阶段。有了资料，有了观点，就可以正式构思论文的结构和内容，把研究活动的结构用文字表达出来，写出言之有物、立论有据、有观点、有材料的论文。

在实践研究工作中，后几个阶段的活动也可能有交叉。例如，在分析判断阶段，甚至在表述阶段，可能发现某些资料不足，因而需要再次收集资料，在对资料进行整理和分类时，就可能需要进行初步的归纳和判断。所以，上述工作步骤只能是一般的划分。

四、日语教学法的学科属性与体系

（一）日语教学法的学科属性

关于日语教学法的学科属性历来就有争论，有观点认为日语学科教学论是外语学科教学论的一个组成部分。外语学科教学论是教育科学的一个分支，因为它的研究对象是教师、学生、教材、课程、评价等外语教学中教育和教养过程的一般规律，所以日语教学法的学科体系也应该从属于教育科学。还有观点认为，日语教学法从属于语言学，是日语应用语言学的一个分支，因为指导学生掌握日语语言知识和言语技能是日语教学法研究的根本任务，日语教学法的研究离不开日语语言知识和语言文化背景，因此，日语教学法是日语语言学理论在教学中的实际应用。

笔者认为这两种观点都有其合理性。日语教学法是一门涉及多学科的边缘性科学，与英语教学法、俄语教学法等同属外语分科教学法，是普通外语教学法的一个分支。普通外语教学法探讨各科外语教学的普遍规律，它来源于各分科外语教学法，也指导各科外语教学法。日语教学法既是一个科学概念，又是高等师范院校日语教育专业的必修课程，是一个课程名称。

（二）日语教学法的体系

日语教学法的体系组成有两种含义：一是指它的广义内涵，又称为亚体系；二是指它的狭义内涵，即教学法所包含的内容。从广义上看，日语教学法的亚体系由基本理论、基本知识、基本实践、基本操作、专业思想组成。

（1）基本理论。基本理论包括一般语言观、心理观、教育观及相应的规律、模式、原理，如语言知识和言语技能的统一，智力因素和非智力因素的统一、教学和教育的统一等。基本理论也包括具体的日语教学观点、原则、方法，如听说读写并举，语音、语法、词汇综合，学习和习得结合等。

（2）基本知识。基本知识是基本理论的应用，包括各个方面的教学方法、方式，各种类型的教学手段、技术的运用和使用，以及有关的道理和说明等。具体的语言知识教学法、言语技能教学法、课外活动组织法、现代化教育技术手段使用法，以及强化性和艺术性教学法等，都属于基本知识之列。当然，基本知识和基本理论的划分是相对的。

（3）基本实践。基础实践是指初步把日语教学法基本知识和基本理论应用于教学实践的尝试。这种实践带有训练性质。但是在基本实践中，实践者也要努力发挥创造性。基本实践的主要形式是教育实习、见习、评议会、讨论会等，包括听课、备课、写教案、上课、批改作业、辅导、家庭访问、指导课外活动等一系列的教学实践。通过实践形成能力。

（4）基础操作。基础操作是指日语教学中的技艺性或技术性的活动。如板书和黑板使用的整体设计，简笔画的画法和构思，各种电化教具的使用方法和操作技巧、在线课程指导等。这些都是日语教师的基本功，是本学科的组成部分。

（5）专业思想。成为一名合格的日语教师的专业思想是学习和研究日语教学法学科的出发点和归宿。本学科的广度、深度、难度，学科教师和发展所需要的思想修养、文化修养、逻辑修养等，都会促进日语教育研究者、工作者对之产生兴趣，进而转化为对日语教学工作的兴趣，这也会促进专业思想的树立和巩固。教学是创造，教学法学科的发展是创造。抓住创造，教学法学科的基本问题就容易解决了。学习教学法就是学习创造，研究教学法就是发挥创造性，创造就有价值，这是教学法学科发展的原动力。

从狭义上看，日语教学法主要分为两大部分：教学思想和课程设计。课程设计又可分为教学目的、教学内容、教学流程、教学方法四个部分。教学思想是课程设计的指导思想和原则，课程设计是教学思想的体现。不同的教学法体系不仅体现在教学思想上，也体现在课程设计上。

教学思想是对语言特性及其社会功能、对语言掌握、对母语和日语掌握过程的异同等的认识及组织教学过程的原则。教学目的是指确定课程的教学目的。教学内容是指教学内容范围、选择标准、量时比及组合教学内容的体系和原则、编排顺序等的设计。教学流程指整个教学过程组织的设计，如课程整体安排、教学阶段的划分和衔接、课型和分工、课内教学和课外教学的配合和分工等原则。教学方法指课内外教学基本模式的设计。

五、日语教学法与相关学科

（一）日语教学法与语言学

语言是交际最重要的工具。学习语言要注意它的物质结构，更要注重其交际功能。任何外语课程的最终目标都是要使学生利用所掌握的语言知识达到交际的目的。语言是思维的外壳，母语水平是思维能力的重要反映，母语思维习惯对外语思维习惯的养成具有干扰作用。语言和言语是不同的概念。

语言是音义结合的词汇和语法的体系，言语是在特定的语境中为完成特定任务对语言的使用。语言和言语互为依存。语言的社会功能表现为言语时才能体现。言语要以语言为基础，不能脱离语言规则。语言是体系，言语是行为。

语言和言语的关系表明，外语教学的最终目的应该是培养言语能力或交际能力；外语教学的内容不仅指语言知识，也指听说读写行为；教学方法不仅要根据学习语言知识的需要进行设计，更要根据培养听、说、读、写的能力需要进行设计。

（二）日语教学法与教育学

教育学要求把日语教学作为整个教育活动的一个组成部分，促使学生全面发展，日语教学既是教育的目的，又是教育的手段。教育学所阐明的原理、原则对整个学校教育、对学校的各门课程都有指导作用。

教学论也称普通教学法，是教育学的一个重要组成部分或分支，它专门研究教学过程及其规律。教学论和学科教学法，包括外语教学法中的日语教学法，它们之间既有密切联系，又有区别。

教学论研究学校各门课程的一般教学过程和规律，所论述的教学原理、原则及教学方法是从各门学科教学法大量材料中分析、概括、提炼出来的，对各门学科的教学都有指导意义。而学科教学论在研究学科教学理论的同时，一方面要以教学论所阐述的原理和原则为指导，另一方面又以自己的研究成果充实和丰富教学论理论。教学论是教育科学中与日语教学法有直接关系的科学。

（三）日语教学法与现代教育技术

教育技术是指对学习过程和学习资源进行设计、开发、运用、管理和评价的理论与实践。教育技术的研究对象是学习过程和学习资源。

在《教育技术手册》一书中把教育技术分为更加具体的不可分割的三个部分：①硬件，指技术设备和相应的教学系统；②软件，指由硬件实施设计的教材；③潜件，指理论构想和相关学科的研究成果。可以看出，教育技术有三个基本的属性。

第一，教育技术是应用系统方法来分析和解决日语学习问题的过程，其宗旨是追求教育的最优化。

第二，教育技术分为有形技术和无形技术两大类。有形技术是指利用自然科学、工程技术学的成果，把物化形态的技术应用于日语教育，借以提高教学效率的技术，它包括从黑板、粉笔等传统的教具到多媒体计算机及网络等一切可以利用于教育的器材、设施、设备等及相应的软件；无形技术主要指利用教育学、心理学、系统科学、传播学等方面的成果以优化教育过程的技术。

第三，教育技术依靠开发、利用所有的学习资源来达到自己的目的。

学习资源分为人员、材料、设备、技术和环境，这些资源主要来自两个方面：一是专门为学习日语而设计出来的资源，如教师、课本、计算机课件、投影机、教室、操场等；二是现实世界中原有的可被利用的资源，如报刊、展览、影视、生产现场、竞赛等。

现代教育技术是把现代教育理论应用于日语教育、教学实践的现代教育手段和方法的体系，包括以下三个方面：

（1）日语教育教学中应用的现代技术手段，即现代教育媒体。

（2）运用现代教育媒体进行日语教育、教学活动的方法，即媒体教学法。

（3）优化日语教育、教学过程的系统方法，即教学设计。

随着网络的普及，微课、慕课、翻转课堂、在线学习等已经逐步出现在日语教学活动中，现代教育技术对日语教学的影响和作用越来越不容忽视。

（四）日语教学法与系统科学

系统论是把认识对象作为系统来认识。日语教学法的认识对象是日语教学，把日语教学看作系统，则必然要采用系统论的方法处理日语教学的有关问题。

系统是由许多相互联系和相互作用的部分（要素）按照一定的层次和结构组成并具有特定功能的有机整体，所以系统就是整体。

在教育科学中，人们长期研究学生、教师、教材、班级等教学组成部分，说明人们思想中还没有把教学当作一个整体。在应用语言学研究中，人们专注于语言教学的客观性，较少触及学习主体，基本不谈教育环境，这违背了外语教学的基本规律。所以，强调日语教学是一个系统，这是基本的教学观点。从系统论的观点出发研究日语教学法，有以下意义：第一，有助于教师准确把握教育目标，明确日语教育是学校教育中的一个要素，要服从教育的整体目标；第二，有助于教师明确教学任务，不能只管教不管学；第三，有助于指导教师宏观把握教学内容，不是只了解某一课、某一册书，而是要建立系统的知识结构，明确册、课是教材的要素、子要素，而教材又是教学的要素；第四，有助于教师克服语言环境困难，利用现有教学条件，不断提供外在语言环境体系系统，为学生学习创造条件。

（五）日语教学法与哲学

哲学，特别是辩证唯物主义认识论和方法论是日语教学法指导思想的理论基础，是认识日语教学法中各种矛盾的本质和正确处理矛盾的根本思想武器。

在研究教育科学时，要肯定教学规律是客观存在的，不以人的主观意志为转移，同时还要认识到随着科学的进步、时代的发展，对教学方法的研究也会发生变化。就外语教学法体系而言，经历了语法翻译法、直接法、自觉对比法、口语法、视听法、认知法、自觉实践法、功能法、交际法等阶段，每个教学方法的出现，都是与各种方法相互交叉、互为补充的，是为适应当时社会历史时期外语教学需求而产生的。每种方法的产生又对旧的教学方法产生了推进作用，完善了旧的教学方法没有涵盖的内容。

就发展的观点而言，辩证唯物主义揭示了人们对外语教学发展过程和一般规律的认识过程。此外，任何教学法理论都要受到教学实践的检验。外语教学是一个多组成（教学内容的多样性）、多层次（教学目的的多样性）、多因素的复杂过程，存在多重矛盾，在探索过程的规律，观察矛盾的对立、统一和发展时，必须联系具体的时间、地点、对象、条件，注意矛盾的共性和个性，注意矛盾的主要方面，坚持具体问题具体分析。马克思主义哲学观点是研究日语教学法的根本思想武器。

（六）日语教学法与心理学

心理学是研究人们的心理过程，研究人们的思维、记忆、想象、意志等心理过程及其规律的科学。人的心理就是脑的特征，生理是心理的基础。教学活动是师生的共同活动，教学的成败取决于师生双方的积极性。

学习的过程是认知的过程，与心理活动密不可分。为把教学组织得合理并卓有成效，必须关注教学实施者的教师心理和作为教学主体的学生心理，了解他们的一般生理和心理特点，掌握师生在教学过程中的心理规律、智力因素、非智力因素和个性因素的和谐作用。

行为主义心理学和认知心理学的基本规律是指导日语技能训练和日语学习能力培养的重要依据。心理学可以指导教师和学生在教学过程中找到动机、自尊、自信、自觉性、自主感、记忆技巧及规律等。

教育心理学是研究学生在教育影响下形成道德和品质、掌握知识和技能、发展智力和个性的心理规律，是与口语教学法紧密相连的学科。教育心理学关于学习动机、兴趣、学习知觉、表象、思维的相互作用的研究，关于掌握知识和技能的心理规律的研究等，都与日语教学法有着直接的关系。

心理语言学或语言心理学研究人们习得、学习和使用语言的心理规律，主要侧重于母语和第二语言的习得和学习等的心理规律，关注不同年龄、母语水平、学习环境和学习动因、学习内容对第二语言学习的影响，心理语言学的研究成果有助于日语教学法建立新的理论，对教学实践有指导作用。

（七）日语教学法与人类学

语言是人类社会生活不可缺少的一部分。现代语言学主要来源于两大传统：语文学传统和人类学传统。

语文学传统从比较语言学和历史语言学开始，根据文学作品和书面文献的研究对语言进行分析和比较，强调语言的自然属性，把语言看成一个封闭的、独立的系统，把语言学看成一门横跨人文科学和自然科学的独立的边缘科学；人类学传统指运用人类学方法去研究没有书写系统和文字传统的社会集团的语言，即把语言学看作一门社会科学，把语言置于社会文化的大环境中去研究。

人类语言学的研究传统促进了文化语言学的出现和兴起，从文化的角度来考察语言的交际过程，语言学家们发现人在语言交际过程中不仅涉及语言系统，而且涉及同语言系统紧密关联且相互依存的文化系统。

从人类文化学角度研究日语教育问题，在教学中要注意文化交叉问题。在语言中导入文化，在文化中教语言，二者要相互促进。文化既是日语学习的目的，又是日语学习的手段。中日文化既有差异也有相同之处，日语学习的一个重要任务就是在语言学习过程中达成跨文化理解。从文化的角度学习日语，语言情境和功能的问题就会迎刃而解，交际的目的也容易实现。

（八）日语教学法与社会学

语言与社会的关系是辩证的，它们存在着错综复杂的关系。社会的本质是人和组织形式：人，确定了社会的规模和活动状态；组织形式，决定了社会的性质。语言是一种社会现象，是人类区别于动物的重要标志，是人与人交际的工具，也是使人与文化融为一体的媒介，它随着人类的形成而形成，也随着人类社会的发展而发展、变化而变化。

文化是一种社会现象和社会精神力量，是人们通过长期的社会实践创造的产物，是社会历史的积淀物。

人类用语言创造文化，文化又反过来影响人类，促使人类取得更大的进步。自古以来人类社会积聚下来的文化遗产给语言留下了深刻的烙印，人类的语言是人类社会文化中的语言，它与人类社会、人类的文化有着密切的关系。

社会学理论是社会学家思想的结晶。从孔德的实证主义到吉登斯的结构化理论，从严复的《群学肄言》到孙立平的《断裂》三部曲，社会学理论的发展走过近200年的历史。在这近200年中，众多社会学家留下各式各样的思想，其中有些还形成了独特的门派。这些思想被后人编撰，形成社会学理论。

社会学的功能论、冲突论、过程论、符号互动论、批判论和结构化理论及产生自20世纪80年代之后的新功能主义、沟通行动理论、结构化理论、实践社会学理论、理性选择理论、互动仪式链、后现代主义等当代社会学理论，有助于正确认识和准确理解该国的社会结构、性质，有助于了解该国的社会现象，即语言和文化。因此，在日语教学过程中，社会学的理论对语言教学以及语言文化教学有重要的指导意义。

此外，社会学要求教学集体的和谐，师生和谐，学生间的和谐，教师间的和谐，教师与学生家长的和谐，学生和家长的和谐。这些和谐是指心理上、认识上、情感上、行动上的和谐统一。和谐理论是学校教育、语言交际、语言学习理论的基础理论之一。

五、日语教学法认识的误区

（一）对教学方法唯一性的认识存在误区

许多青年教师教学实践经验少，教育理论知识基本功不够扎实，在研究教学法时容易陷入标准唯一的误区，即希望在教学中找到一个模板，无论什么课程、无论面对何种教学对象，"一招鲜吃遍天"。

例如，认为让学生动起来就是一堂好课，而不顾是否适合教学内容、教学目的，只一味地采取多种形式的课堂练习，流于形式；再如，认为教学法理论无用，教师可以各自为政，平行班教学时你用你的方法、我用我的方法，反对教学方法唯一。诚然，具体的教学方法是多种多样的，不能强求一律采用同样的方法。但是，这样的不一致是在教学基本理论指导下开展的，是对基本教学法理论的不同诠释和演绎，是在创造性地灵活应用教学法，而不是无标准、无原则的随意行为。

（二）对日语教学法科学性的认识存在误区

认为教学法是语言学、心理学、教育学理论的拼装，不是一门独立科学，或者把教学法与应用语言学、心理语言学、社会语言学等同起来，认为与其学习教法不如学习这些科学更有价值。的确，日语教学法与这些学科关系密切，但是，每门学科都有其独特的研究对象和研究任务、研究方法，有助于日语教学取得最佳效果的只有日语教学法。

有些教师尚未掌握日语教学理论，或者没有认真研究教学方法，对教学的认知来源于他的老师，在讲台上只能机械地模仿自己的老师，属于感性认识、经验主义认识。这个模仿的方法是否符合教学目标，是否能保证教学质量，是否能达到预期效果是难以保证的。如何上好一门课、如何上好一堂课，不懂得教学法的教师很难科学地做出回答，那么这门课、这堂课的教学质量就可想而知了。

（三）对教学经验与教学法水平的认识存在误区

作为一门科学，教学法的理论来源于教学实践，来源于前人对教学经验的总结，教学法理论又接受教学实践的检验，教师学习教学法理论，必须将其应用到教学实践中才算是真正掌握。教学经验终究不等同于教学法理论，实践经验只有上升到理论高度才能指导实践，并且要经过实践的检验才可以称为科学理论。教师的教学活动是针对人的，学生不是实验品，不能用每届学生做实验，有责任心和教师道德的人不会把教学经验与教学法水平混为一谈。

（四）在处理教与学的关系上存在误区

有这样的教师，具有很高的日语水平，掌握一定的教学方法，有很强的责任心，希望他所教的学生都学有所成。这也是一名优秀教师的标准。但是，在教学过程中，他总是担心学生学不会，讲授知识面面俱到，唯恐遗漏，认为学生只要跟随他的指挥棒就能学精、学好，所以总觉得课时不够，对学生的学习指导全神贯注于讲授，而忽视了学生的主观能动性。把握不好"如何教学生学习"的问题，归根结底还是没有把握好"教与学"的关系，这样的教学很难调动学生的学习积极性，也不利于学生自主学习习惯的养成。

（五）对教师的主导作用及学生自主学习的认识存在误区

在强调自我学习、独立学习、终身学习的今天，在信息技术高度发达、知识获得方式不断增多的今天，学生的自主学习能力的确有所提高，但是，教师的作用依然不能忽视。随着高等教育改革的不断深入，对人才培养规格和质量的要求也在不断提高，日语专业人才培养从精英型、研究型转变为应用型、复合型。这绝不意味着人才培养质量的下降，而是对学生专业能力的提高和知识领域的扩大提出了新的要求。在有限的课堂教学时间内完成更多的教学任务目标，意味着教师的有效学习指导必须达到新的高度，否则，学生靠自我摸索经验、死记硬背是难以完成学习任务的。因此，不能只重视提倡学生自主学习而忽视对教师指导学生学习的研究，不能忽视教师的作用。

（六）对教学法水平与口头表达能力的认识存在误区

口头表达能力强意味着教师能清楚地表达自己的思想意图。良好的学科基础、良好的口头表达，是教学质量保证的必要条件。但是日语教学是研究日语教学过程的科学，研究对象包括复杂多变的人，不懂得教学规律、人的学习心理等，口头表达难得要领，难以把握教学的关键。所以口头表达能力强不是取得良好教学效果的唯一条件。

（七）对日语水平与教学法水平的认识存在误区

认为日语水平高，就一定能做好日语教学工作。日语水平是日语教学的前提基础和教学质量的保证，但是，不是所有会日语、日语知识丰富的人都能做合格的日语教师。例如，不是所有的日本人都擅长日语教学；精通日语的翻译家不一定懂得教学法，不一定是优秀的日语教师。可以肯定地说，外语水平高的教师不一定懂得教学法，教学水平也不一定高。

第三章 日语知识教学及策略

第一节 日语语音教学及策略

一、语音特征

音位数目少。元音 5 个，辅音 14 个。这比英语的 12 个元音、24 个辅音少得多。汉语中有元音 6 个，但能构成多个双元音。辅音 22 个，远多于日语。音节结构单纯，种类少。（注：这里说的"音节"和音拍同义。如果承认英语那样的音节，则未必简单。除每个假名是一个音节外，每个拗音、促音、长音都是一个音节，这样看来，大致是 111 个。）

日语是高低重音，英语是强弱重音。汉语也是高低重音（声调），但汉语的高低变化发生在音节内部，日语的高低变化发生在词的内部音节（音拍）之间。汉语重音有区别意义的作用，日语重音则没有。学习语音学，首先当然要了解什么是"语音"，什么是"语音学"，另外，"音素""拍""声调""语调"等也是我们经常听到的概念，那么它们究竟是什么意思呢？

（1）语音。语音是指人们为了进行语言活动使用发音器官发出的声音。朗读、对话、广播时发出的声音都属于语音。

拍手、拍桌子等声音，虽然有人的参与，但不是使用发音器官发出的，不属于语音。打喷嚏、咳嗽、打哈欠等声音，虽然是人们通过口、鼻发出的，但这些通常都是生理反射，不属于语音。另外，吹口哨、哭声、笑声等尽管也是人们通过发音器官发出的声音，但是不能进行语言活动，所以也不属于语音。

（2）语音学。语音学是指以语音为对象，研究其性质、种类、形成、条件、功能等的学问。语音学是一门综合性的学科，它与生理学、医学、心理学、社会学、物理学、机械工学等有密切的联系。

语音学还可以细分出许多相对独立的学科，其中最广为人知的是发音语音学。发音语音学（词音音声学）研究语音的发音过程，着眼于生成语音时发音器官的形状对语音进行分类。例如：根据舌面最高点的上下前后位置以及嘴唇是否向前突出可以将元音分类；根据调音位置、调音方法以及声带是否振动可以将辅音分类。

除了传统的发音语音学、听觉语音学、音响语音学等也日益受人瞩目。听觉语音学从心理学角度研究人们对语音的感知过程；而音响语音学则分析语音的持续时间、振幅、基本频率、音谱结构等物理方面的特性。

（3）音素。音素（单音）是语音分解后得到的最小单位。音素用"[]"表示。

音素可以根据其发音的不同情况分为元音和辅音两大类。元音（母音）指发音时，气流振动声带，在气流通路上不受阻碍而发出的音；辅音（子音）指发音时，气流通路有阻碍的音。

（4）拍。拍，是一组音素的集合，它的长度与 1 个辅音音素和 1 个短元音音素结合后的长度相等。

（5）声调。声调是指作为社会习惯规定下来的、词语中各拍之间相对的高低或轻重的配置。日语的声调是高低型。

（6）语调。语调，是指句子的全部韵律特征。通常所说的抑扬、顿挫、轻重、缓急、节奏等都是构成语调的要素。例如一般来说，命令句采用下降调，疑问句采用上升调，这些都属于句子的语调。

二、日汉发音的不同之处

作为两个国家的语言，日语和汉语发音当然有许多不同的地方。如果不了解这些不同之处，那么我们在学习日语发音时会缺乏自信，感到困难重重；反之，如果对这些不同点了然于心，那么我们的语音学习就可以有的放矢，语音练习也将颇有成效。日语和汉语的发音究竟有哪些不同之处呢？我们以日语语音特点为中心，把日语和汉语发音的不同之处主要归纳为音素、拍、声调和语调这四个方面。

（一）音素方面

无论是元音音素还是辅音音素，日语和汉语的发音情况都有许多不同。

首先，在元音方面，日语只有あ（a）、い（i）、う（u）、え（e）、お（o）这 5 个元音，汉语元音比日语多。即使是日语和汉语中都存在的元音，其发音位置和发音方法也有区别。在开始学习日语时，我们首先应该重视的就是元音的发音，因为日语的每一个假名都包含元音，如果我们还是按照汉语元音的发音位置和发音方法来念日语的元音，那么我们所念的日语假名、单词、句子、文章肯定会带有浓重的"汉语腔"。

当我们仔细听一下日本人和中国人说的「はい」这个词后，会发现两者之间存在区别，为什么会产生这样的区别呢？主要问题在「は」的元音 [a] 发音的不同。日语元音 [a] 发音位置比较靠后，发音时充分扩展咽头空间；而汉语元音 [a] 发音位置比较靠前，发音时咽头空间较小。如果认识到这一点，在发音时做一些改变。那我们说出的日语可能会比以前更加接近日本标准的发音。

接下来看看辅音。日语的辅音有不少，其中有一些是汉语中不存在的，这样的辅音就应该特别引起重视。例如日语的辅音 [r],这个音叫作"闪音（弾き音）"，它既不同于汉语的辅音 [l]，也不同于汉语的辅音 [r]。汉语的辅音 [l]，叫做"边音"，发音时，舌尖抵住上齿龈，气流从舌两边流出；汉语的辅音 [r]，叫作"浊擦音"，发音时，舌尖前部上举，接近硬腭最前端，形成适度间隙，气流从间隙中摩擦通过。而日语的闪音 [r]，发音时，舌尖向上齿龈后部轻轻弹击一次，气流从舌尖与硬腭的缝隙中通过，不受阻碍。如果不了解这些区别，那么日语的「ら」「り」「る」「れ」「ろ」就很容易被念成汉语的"拉""里""路""来""捞"。

另外，日语中所说的清音、浊音和汉语中的清音、浊音有很大区别，这也成了困扰我们学习者的一大难题。例如：在日语中辅音 [t] 属于清音，辅音 [d] 属于浊音，但是在汉语中辅音 [t][d] 都属于清音。那么汉语 [t] 和 [d] 的区别在哪里呢？在于是否送气。汉语中 [t] 属于"送气音"，[d] 属于"不送气音"。因此如果按照汉语 [t][d] 的发音方式来念日语的 [t][d]，那就很难把握日语正确的发音了。

（二）拍方面

"拍"是日语语音学中常用的概念，与汉语中所说的"音节"比较接近，但也有不同之处。

从数量上来看，日语的拍不到 100 个，而汉语的音节有 400 多个，远远超过日语。不过日语有一些特殊拍，在学习中不能忽略。例如，日语中存在促音拍，而汉语中没有这样的音节，所以我们掌握其发音方式时会遇到较大的困难。又如，日语中存在长音拍，而且是否包含长音拍，有时会影响单词的意义。就拿「おじさん」这个词来说，它的意思是"叔叔"，但是如果念成「おじいさん」，那么就变成了"爷爷"的意思。与日语不同，汉语中把一个词念长些或念短些，一般不影响该词的意义。

此外，日语的拍有时还会发生一些变化。例如东京人说日语时经常会产生"元音清化"现象，他们念「した（下）」「くさ（草）」这类词时，我们听到的「し」「く」因为其中的元音 [l][u] 弱化了。如果不了解日语语音的这一个特点，按照汉语普通话的发音方式将所有的元音一一念出，那么不仅会影响语速，而且说出的日语也不纯正，长此以往，还会养成一些不良习惯。在声调方面，日语和汉语也存在很大的区别。从声调类型来看，日语的声调属于高低型，而汉语的声调是高低、轻重兼而有之。即使都是"高低型"的声调，日语和汉语也有所不同。日语的"商低型"是指拍和拍之间的高低变化，而汉语的"高低型"是指一个音节内部的高低变化。例如：日语的单词「あめ（雨）」中有「あ」「め」2 拍，这 2 拍中「あ」处于发音相对比较高的位置，而「め」处于发音相对比较低的位置。与此不同，汉语的"雨"是在 [yǔ] 这个音节中发音经历了由高到低，再升高的变化。从这个意义上可以把日语的声调称为"词调"，把汉语的声调称为"字调"。对于我们来说，如何认识"词调"，如何把握拍和拍之间的高低变化，对于说好日语是至关重要的。

当然，要念好句子和文章，仅仅记住单个词的声调还远远不够。在汉语中，字和字结合后有时会发生声调变化的情况，例如第 3 声的"你"和第 3 声的"好"相结合后，"你"的声调由第 3 声变为第 2 声。而日语中，词和词结合后声调也会发生变化。例如：「にほん（日本）」这个词，作为一个单词，其中「に」「ほ」「ん」这 3 拍的发音相对高低情况是"低""高""低"。但是，「にほん（日本）」和「ご（語）」结合成新的词「にほんご（日本語）」后，「に」「ほ」「ん」「ご」这 4 拍的高低情况是"低""高""高""高"；「にほん（日本）」和「じん（人）」结合成「にほんじん（日本人）」后，「に」「ほ」「ん」「じ」「ん」

这 5 拍的高低情况是"低""高""高""高""低";「にほん（日本）」和助词「の」结合成「にほんの（日本の）」后,「に」「ほ」「ん」「の」这 4 拍的高低情况是"低""高""高""高"。

又如:日语动词「あらう（洗う）」,作为一个单词,其中「あ」「ら」「う」这 3 拍的相对高低情况是"低""高""高"。但是,「あらう（洗う）」和助词「て」结合成「あらって（洗って）」后,「あ」「ら」「っ」「て」这 4 拍的高低情况是"低""高""高""高";「あらう（洗う）」和助词「たり」结合成「あらったり（洗ったり）」后,「あ」「ら」「っ」「た」「り」这 5 拍的高低情况是"低""高""高""高""低";「あらう（洗 う）」和助词「ば」结合成「あらえば（洗えば）」后,「あ」「ら」「え」「ば」这 4 拍的高低情况是"低""高""高""低"。

（三）语调方面

对于日语学习者来说,日语的语调是一个难点。日语句子的基本语调是怎样的?句子中哪里应该停顿。哪里不该停顿?何时应该重读,何时应该弱读?什么场合句末念上升调,什么场合句末念下降调?除了上升调和下降调以外,还有上升下降调,这又该怎么念?日语的对话和朗读中是怎样运用语调的?总之,日语和汉语在音素、拍、声调、语调这些方面都存在较大的不同之处,希望通过对本书的学习,日语学习者们能够了解这些不同,掌握日语正确的发音规则和发音方法,说出一口标准流利好听的日语。

三、语音的分类

对于人们实际使用的丰富多彩的语音,可以从种种不同的角度分类。

（一）根据在音节中所处地位的分类

在音节中发音响亮并且音长能够持久、总是处于音节中心地位的音,叫作元音（母音）,如 /a//i//u/ 等。

发音不能持久或虽能持久但不响亮,在音节中处于从属地位的音,叫作辅音（子音）如 /p//b//s//f/ 等。

性质介乎元音和辅音之间的,称为半元音或半辅音（半母音）,如 /j//w/ 等。半元音常常使用另外一个术语来表述:无擦通音（接近音）。由于半元音在音节中的地位及传达语言信息的功能方面更接近辅音,因此被国际语音学会（International Phonetic Association）列在国际音标（International Phonetic Alphabet,国际音声记号）的辅音表上。

（二）根据调音部位和调音方法的分类

实验研究证明,语音的各种不同音色是发音器官对声道内的噪音进行调制的结果。因此,现代语音学把语音调制的部位（即声道内造成阻塞或阻碍的部位）称作调音部位,把调制的方法（阻塞还是阻碍,噪音的有无,噪音在何处共鸣等）叫作调音方法。

调音部位包括两个方面:口腔的上半部不能活动或活动范围有限的部位（上唇、上齿、齿龈、硬腭、软腭）和口腔的下半部能够积极活动的部位（下唇、下齿、舌）。在日语中称前者为 [调音点],后者为 [调音者]。调音部位一般以"调音点"的位置来命名,在需要准确描述时,也可以用全称,如 /t/:齿背 / 齿龈塞音,或齿背 / 齿龈 / 舌尖塞音。

（三）根据其他方法的分类

从发音时是否伴随声带振动来看，辅音又可分为浊音、有声音和清音（无声音）。这样，侧音、闪音、鼻音为浊音；塞音、擦音中存在着清音与浊音的对立。

从除阻后有无送气的角度，还可分为送气音（有氮音）和不送气音。

根据嗓音在何处共鸣，可以分为口音（指嗓音在口腔共鸣的音，如元音 /a//i//u/ 等）、鼻音（嗓音在鼻腔共鸣的音）、口鼻音（指嗓音同时在口腔和鼻腔共鸣的音）。

（四）元音的分类

元音一般是根据舌高点（即上腭与舌之间的相对最狭点）的高低、前后和唇的圆展来分类。

某种具体语言的元音常常与基本元音的舌位有着细微的区别。人们在试图对一种语言进行精确描述，或对两种以上语言进行比较分析时，常常需要借用一些辅助符号来指出那些细微的不同。

四、音素和音位

在语音学上一般把人可以发出的最小语音单位叫作音素（单音、音声）。但是，不同的发音者在生理条件（如声道的长短、形状，声带的长短、薄厚等等）上有很大的个体差异。甚至同一个人，在不同的生理、精神状态及不同的语境中，要想发出完全相同的两个音，几乎是不可能的。尽管如此，人们还是能够进行有效的言语交流，是因为语音除了具有生理和物理属性之外，还有重要的社会功能——区别意义的作用。

从语音的这种社会功能出发加以分析的结果，就产生了音位（音素）的概念，即：能够区别意义的最小语音单位。这样，尽管在实际言语交际中人们发出无穷多的音素，但在一个语种或方言的内部，能够区别意义的音位却总是有限的。

由于音位是一个抽象的概念，从不同的角度出发可以得出不同的结论，因此对某种语言中音位数目的分析常因学者不同而结果各异。就日语而言，一般认为有 5 个元音音位，而它的辅音音位，有人认为有 18 个，有人则认为有 28（+4）个。

音素和音位都以国际音标来记音，音素以方括号"[]"来表示，音位用双斜杠"//"来表示。

音位作为区别意义的最小语音单位，仅在一个语种或一种方言的内部才是有意义的。例如，辅音中的送气音和不送气音在汉语中有区别意义的作用，说汉语的人把它们看作两个不同的音，对有没有送气十分敏感。但是对于辅音在除阻之前是否有声带振动却是忽略不计的。而在日语中则完全相反：送气音和不送气音没有区别意义的作用，以日语为母语的人听不出送气音和不送气音有什么区别，但他们对辅音的清浊却非常敏感。

在一个语种或一种方言的内部，一个音位常常包含了听觉特征相似的多个音素。这些属于同一个音位的不同音素，称为音位变体（异音）。

在发音时不受语音环境的限制，可以自由替换而不影响语义的变体叫作自由变体。例如在中国北方的一些方言中，以汉语拼音"W"打头的词，如"娃娃""威武"等，其辅

音可以发成双唇音 [w]，也可以发成唇齿音 [v]。

与自由变体相反，有些音素总是在某种特定的语音环境中才出现。这样的变体叫作条件变体或语境变体。例如日语的鼻音音位 /N/ 在双唇辅音 /b//m/ 的前面时发双唇鼻音 [m]、在舌尖辅音 /n//t/d//c/ 前面时发舌尖鼻音 "[n]" 等等。

五、日语语音教学概述

语音教学是外语教学的起始。各种语言都有其特殊的语音体系，对语音的研究从属于语言学领域。而语音教学过程是教育学和心理学的研究范畴，因为在语音教学中涉及一系列生理、心理方面的问题，如言语听觉、言语视觉、言语动觉等，还涉及其他影响语音教学效果的要素。根据中国学习者语音学习的心理特点和日语语音的本质特征，以及汉日语言中语音的差异，探讨语音教学方法是语音教学研究的重要课题。

六、日语语音教学策略

语音的教学虽然属于知识体系，但是语音教学很重要的一个内容是要让学生掌握发音部位、气流、节拍等的发音要领，重在学生体验、感受，与概念、理解的相关性不大，属于运动技能性学习。就言语技能来说，语音学习主要涉及说、写、听三个方面的技能。所以，教学中要注重对语音的认知或知觉、在知识结构内的联系形成和语音技能自动化三个方面能力的培养，这也是运动技能学习的三个阶段。

1. 发音教学重视模仿

语音教学中的模仿分为直接模仿和分析模仿两种。

（1）直接模仿：不需要任何解释的模仿。模仿的材料可以是教师示范，也可以是录音机或录像带、语音教学软件等。指导模仿教学时，教师可以采用以下教学方法：

①选择准确、清晰的发音模仿参照物，如录音带、唱片、录像带、发音部位指示图等。

②创设安静的听音环境，要保证将影响听的干扰因素降到最小。

③指导学生事先准备好小镜子等道具，让他们观察发音时自我的口型变化，了解模仿发音时的口型、舌位是否准确。

④在练习时借助录音机等，录下学生朗读或默读的发音，通过复听，帮助学生了解自己的语音与标准发音的差距。

⑤在长短音发音训练时，特别是关于促音与拨音的发音节奏，可以参考学歌曲时的"击掌、打拍子"法，帮助学生体会日语的音拍节奏。

⑥寻找错误发音，即通过课堂发音提问，让学生互相找出发音错误，以提高自我对正确语音的认识、感知，增强主动辨别语音的意识。

⑦指导学生时要坚决杜绝用汉字标示日语语音的发音。

（2）分析模仿：分析模仿是将汉语中没有的、靠听难以分辨的语音，通过文字说明来介绍其发音规则，边讲解规则边模仿的教学方法，如促音、拨音的发音规则等。

分析模仿主要从日语语音的特点和汉语与日语语音的差异出发，通过比较和分析及对发音规则的分类记忆，增强学生发音的准确性，提高发音的自信心。指导分析模仿教学时，教师可以采用以下教学方法：

①以准确发音为目标。分析模仿的目的是准确发音，所以不必要求学生记忆关于口型、舌位等的理论说明，只要能按照指示找准口型舌位，控制气流声带，尝试发音，并记住发这个音时的发音器官的运动方式即可。

②提高学生练习分析模仿发音的自觉性。在课堂教学中，教师应尽可能地兼顾到每个学习者的发音情况，但是也有可能照顾不到，或者学生正确发音的稳定性还没形成，一会儿正确，一会儿有误，因此，教师要指导学生有自觉学习的意识，对照发音规则反复练习。

2. 识记假名教学重在认读、书写

日语假名数量多，不仅包括五十音图，还包括浊音、拨音、促音等。所以，在识记假名时，可以采取认读、书写训练等教学方法，提高学生对假名的熟悉程度，使语音教学的听、说、读、写等口语、笔语训练互相配合、互相促进，提高学生识记效果。在认读和书写练习时，教师要关注练习的技巧和形式。

（1）认读的指导。在日语语音的认读练习中，既要对单个假名按照行、段进行训练，还要通过单词、词组和句子的认读来提高对假名的熟练程度，不断纠正错误，提高准确性。同时，还要注意选择合适的练习材料有效练习，为达到纯熟掌握语音奠定基础。

①按程序练习认读。在感觉阶段主要注重听发音和看口型；在尝试阶段要大胆模仿；在熟悉阶段把听、说、读、写的训练都融合到学习活动中；在辨别阶段要在词汇或句子中迅速认读假名，以及识别近似发音。简单地说，认读程序为"先听，再说，最后写"。

②利用教学软件练习认读。多媒体是语音教学的有效工具，目前我国公开出版发行的日语语音学习软件，集听、说、读、写为一体，既有听音测试，又有辨别选择性练习，可以作为教学辅助手段使用。

③指导互动式学习。互动式学习不仅指教师和学生间的互动，还包括学生和学生间的互动，如同桌间的互相测试、互相纠错等。通过多种形式的互动练习，可以提高学生参与学习的积极性，创造良好的学习氛围，提高学习兴趣，还可以增加学生记忆内容的短时复现次数，加深记忆。

④利用教具（如假名卡片、单词卡片、挂图等）指导学习。教师可以用纸板制作假名卡片，课堂上随意抽取卡片，组织学生快速认读，以提高学生对假名的熟练程度。

（2）书写的指导。

在语音的书写指导上，可以采取如下练习方式：抄写假名；抄写假名形式的单词或句子；分别按照"五十音图"的行和段默写假名；听写假名及以假名形式的单词和句子。

①最初的书写练习最好是使用田字格本或大字块描红本，尽可能让学生将假名书写得规范、整洁。

②在指导假名书写时，要从笔顺入手。书写假名时，教师要提示学生记忆并练习书写笔顺，描红或者用手指比画练习皆可。

③注意区分日语假名与汉语草书汉字。

3. 朗读指导

关于词汇或句子的练习，可以采用如下方式：朗读词汇或句子；就学习过的词汇或句子互相朗读问答；看卡片进行朗读回答训练等。

①提高速度。朗读是对假名的熟悉过程，如果朗读速度慢，思考的时间就长，因此在朗读时要有意识地督促学生提高速度，增强认读时的注意力，使神经处于高度兴奋状态，这能提高熟练度。

②朗读日语绕口令。绕口令通常是由发音比较接近的假名构成的。朗读绕口令一方面可以提高对假名的熟悉程度，另一方面可以训练口腔内部运动器官对日语语音发音的熟练程度，提高语音感觉。

③把朗读训练和思维训练结合起来。通常语言的学习会影响思维能力，对这一能力的训练可以从语音开始，即练习用日语思考，头脑中反映日语的文字或语言结构。

4.分辨语音的教学

听觉训练的目的首先是能准确地进行模仿，模仿完成后的听觉训练关键是辨别语音。辨音训练可以采用多种方式，如朗读式辨音、听写式辨音和听说式辨音等。

①辨音训练的材料要形式多样。可以提供男、女、老、幼的发音让学生交替辨听，使学生逐渐适应不同音强、音高和音色的发音。

②有侧重地进行辨音练习。听觉训练要参考日语长短音、清浊音、促音与平音、拨音与非拨音的语音特点，适当选取练习题目。

③辨音训练与书写训练和朗读训练相结合。听觉能力训练可以结合知觉阶段的直接模仿训练和练习阶段的书写能力训练进行。

语音的练习是在模仿基础上的训练，对比较难以掌握的语音学习还要强调分析模仿，即掌握了语言规则后再进行训练。一方面可以增强发音时的自信心，另一方面对于学生课后独立练习也有指导作用。特别是对于具备一定的学习经验或学习策略的学习者来说，由于个人的思维和认知能力已经发展到一定程度，如果过分强调模仿的作用，反复进行非理性、机械的发音练习，会使学习积极性受到压抑，导致排斥学习。

第二节　日语词汇教学及策略

一、日语文字与词汇

词是语言中具有一定意义的、能用来造句的最小独立单位，也是语言的基本存在单位和基本运用单位。词以语音为表达形式，是语音和语义结合的统一体。单词是对词的强调式说法。可以说日常生活中词就是我们通常所说的一个一个的单词。

我们通过单词给现实生活中的事物和概念以及它们之间的关系命名，这些事物和概念包括人、动物、植物等自然界的各种物质，包括与这些物质的性质、状态、动作、作用、数量等相关联的各个片段，也包括空间概念、时间概念以及一些抽象的和无实质意义的概念。现有的日语单词绝大多数指真实的事物和概念，只有个别是超现实的、反映人们头脑中虚幻的概念。词具有形式和内容两个层面。日语词的形式包括词的音声、音节、音调和文字，词的内容包括词义和词义所包含的形象色彩、情感色彩、文体色彩、语体色彩等。在词形和词义之间，词义是主，词形为辅，词义决定着词之所以为词，词义也决定着词与其他语言成分之间的关系。没有词义，词形无处依附。词形衬托词义的表现，词义影响词形的变化。

日语词的词形在音素、音节、音调以及文字的标记方面独具特色；日语词的词义在成分、属性、结构、体系、色彩等方面也拥有独到之处。但是，日语除一些模仿声音的拟声词外，绝大多数词的形式和内容的结合是恣意的，其间并没有必然的联系。

二、词汇特征

（1）由于音节数目少，因此单音节词极少，3~5个音节的词竟占单词总量的80%~90%，10个左右音节的词也不稀奇。英语词汇多数为2、3个音节，汉语词汇多为1、2个音节。

（2）由于音节结构单纯，数目少，加上大量汉语和外来语的使用，使日语拥有大量的同音词，多者竟有三四十。甚至有的同音词是反义词或近义词。

（3）日语词汇成分复杂，外来成分占一半以上。外来成分包括汉源词、外来语。因此，日语词汇主要由固有词、汉源词、外来语、混种词（即前面三种词中的两种合起来构成的词）构成。与此同时外来成分保留外形特征。如汉源词用汉字，外来语用片假名书写。

（4）由于词汇成分复杂，同音词和近义词多，所以词汇量庞大。英语《韦氏大词典》收词60万，而日语《大辞典》收词则75万。

日语基本词汇的词汇量远远超过西方语言。如英语、法语、西班牙语中，掌握5000词左右即能理解常用文体的90%以上的内容，而日语要想理解同样多的内容，至少要掌握一万词左右。

（5）就词汇内容来说，日语中有大量的拟声拟态词、终助词等表示情态意义的词和助词、助动词等专门表示语法意义的词。英、汉语都只有少量拟声词，"拟态词"一般用语义明确的实义词表示，因此，外国人掌握日语拟态词的语感很困难。

日语中表示细腻的感情的词、社会生活和环境方面的词、渔业、林业、植物方面的词很丰富。而表示天文、矿业、牧业、人体部位、抽象思维方面的词则较贫乏，与英语等形成鲜明的对照。

（6）性别语。在口语中，男性用语和女性用语除大量的共同成分外，还有各自的专用词汇，分别称为男性语和女性语，统称性别语。性别语主要表现在词类、文体和敬语方面。

三、音读与训读

日语文字共有四种，即汉字、平假名、片假名以及罗马字通常使用汉字、平假名以及片假名，特殊场合也使用罗马字。汉字主要用于名词、动词、形容词等。助词助动词一般使用平假名,外来语基本使用片假名。汉字属于表意文字,在日语中通常有很多种读法。首先根据词汇本身的来源,有音读和训读两种。前者模仿古代汉语读音,而还有一定的读音规律,发音比较容易短促。后者根据日本固有语言发音,涉及面广较难掌握。

音读汉字少数只有一种读法外,大多有吴音和汉音两种。吴音是最早传入日本的,模仿中国南方地区的发音。汉音大约在隋朝时期传入日本,模仿中国北方、长安一带的发音。比如同一个「生」字,吴音念为「しょう」,汉音念为「せい」。在组成汉语汇中,有的是吴音读法,有的是汉音读法。比如汉字「生」在「一生」「生涯」中念吴音「いっしょう」「しょうがい」,在「生命」「人生」中念汉音「をめい」。还有少数词如「強力」等,分别念「ごうりき」和「きようりょく」两种读法。前者吴音读法表示"脚力"之义,后者汉音读法表示"强人"之义。此外还有少量的汉字读音,属于惯用音和唐宋音。比如汉字「耗」惯用音念「もう」,「行」唐宋音念「あん」等。

汉字绝大多数来自古代中国,起源于日本的汉字称为"国字(「国字」)"。这些汉字读音大多为训读。在目前使用的日语汉字中,有些汉字与我国简体字相同,有些汉字仍是繁体或在繁体字的基础上发生变化。训读汉字中有正训和熟字训,正训如「取引」「宝物」所示,不仅汉字和读音相对应,而且读音与字义有联系。熟字训如「時雨」「紅葉」所示,只是读音与字义有联系,汉字本身和读音不对应。训读汉字中绝大多数是正训,熟字训通常只能牢牢记住。此外,在音读和训读的汉字中,还有一种称为借用字,特点是汉字和读音相对应,读音与字义没有联系。音读的词例有「滅茶苦茶」「印度」等,训读的词例有「素敵」「兎も角」等。在多个汉字组成的单词中,除了如上所示音读或训读外,还有音读和训读的混读。前音后训单词如「作男」「台所」等,通常称为重箱读法。前训后音单词如「身分」「手順」节,通常称为汤桶读法。

(一)词汇种类

日语词汇主要有三种:固有词汇、汉语词汇以及外来语。固有词汇也称为"和讲",除了名词、动词及形容词等,还包括助词、助动词。

1. 固有词汇:

独立词:山・これ・一つ・森む・赤い・静かだ・とても・そんな・ああ

附属词:が・を・は・から・ので・ばかり・られる・こそ・なり

2. 汉语词汇

借用:学生・兵士・商山・到底・安定・降雨・創造・無断・大根・出張・家事・返事・哲学

3. 外来语

外来语(复合词)ハソコン(personal computer)、ホテル(hotel)、カメラ(camera)、ソフト(soft)。

有些来自中国的外来语,要和汉语词区别开来。首先这些词的读音特点比较接近现代汉语发音,汉字与读音缺乏对应关系。其次大多数是名词,也采用片假名表示。这些中国外来语数量有限,大致局限于生活饮食方面,如「ウーロン茶」「ギョーザ」等。

（二）送假名与振假名

在用汉字书写日语时，有些单词靠汉字形式，无法表达或确认读法。为了能正确表达这类词，避免同其他词发生混淆，就在汉字后面添上假名，这种假名称为送假名。比如「当たる」中的「たる」，就属于送假名。送假名能起到别词的作用，比如「おちば」或「いきもの」等词用汉字书写时，如果不写出带有下划线的「落ち葉」或「生き物」，就有可能误读成「らくよう（落葉）」或「せいぶつ（生物）」。由于大多汉字具有多种读法，比如「空」字既可读成「から」，也可念为「そら」。尤其是人名或地名等，更是难以正确发音。所以为了阅读的方便，有时在汉字旁边或上面，用假名表示其谈音，这就是振假名。

（三）日语的词类和一些语法术语

根据单词的含义、形态、职能、日语的词汇分为十二类。

1.体言

名词、代词、数词三类统称为体言。体言后续各种助词，可以做主语、宾语、定语和补语。

2.用言

动词、形容词、形容动词三类统称为用言。用言有词尾变化，可独立做谓语。

3.活用词

助动词是附属词，不能独立适用。但由于助动词也有（词尾）变化，常把动词、形容词、形容动词和助动词统称为活用词。

词的内容包括语法和意义两个层面。词的语法内容包括词性分类、词本身的内部结构、词的活用形变化以及词在句中与其他词相结合时使用的法则。词的意义有概念义和附属义、固定义和临时义、原始义和引申义、字面义和比喻义、单义和多义之分。

词可以从语法功能上划分类别。汉语单词在语法功能上有实词和虚词之分，实词具有实在意义，能够直接充当句子的主要成分，一般也可单独回答问题。而虚词的词义比较模糊，虚词只表示抽象的语法意义，除副词外，一般不能充当句子的主要成分，也不能单独回答问题。汉语中实词有：名词、动词、形容词、数词、量词、代词。虚词有：副词、介词、连词、助词、语气词、感叹词、拟声词。

与汉语不同，日语单词从其语法功能出发可以分为独立词和附属词两大类。独立词词义明确，可以在句中单独使用。附属词词义不甚明确，不能在句子中单独使用，必须和独立词一起构成句子成分。独立词有动词、形容词、形容动词、名词、代词、数词、副词、连体词、接续词、感动词；附属词有助词和助动词。但是，日语的独立词不能简单地等同于汉语的实词，同样日语的附属词也不等同于汉语的虚词。日语并不是所有的独立词都能单独地回答问题，连体词、接续词就不能单独回答问题。日语的附属词和汉语的虚词不能单独使用这点是一致的，但是值得注意的是，和汉语虚词中的副词、连词、感叹词、拟声词等相类似的词在日语中却是独立词，是可以单独使用的。

词的总合叫词汇。也就是说日语中所有的词，包括词的等价物固定词组、谚语、惯用句等都包括在词汇里面。词是一个个体概念，而词汇则是一个整体概念。词汇本身不能计数，而词汇中的词是可以计数的。应该说无论汉语还是日语，词的数量极其庞大，词汇是一个大家族。从计量词汇学的角度出发，词汇的概念可以从多个层面加以理解，词汇的划分也可以从不同的角度分别进行。

第一，词汇可以指语言中各类词语的总合。如基本词汇、一般词汇、口语词汇、书面语词汇等。

第二，词汇又可以根据词与词之间的关系特指某一方面词语的总合。如身体词汇、亲属词汇、敬语词汇、生活词汇等。日语中这样的词汇组合有几千个。这几千个词汇组合又可根据词义的关联划分出很多小的组合，每个组合中包括几个乃至几十个、几百个单词不等。如：

表示气象的词汇有：

気性、気候、天候、天気、陽気、日和、空模様、空、風、雨、雪、雷、凰雨、悪天、晴天、雲、霧、露、霜、寒暖等数百个不止。

表示时间的词汇也同样有：

年、年月、歳月、月日、光陰、春秋、朝、昼、晩、夜、長时间、短时间、数刻、一时、片时、一刻、寸时、寸秒、間、暇等数十个不止。

第三，词汇还可以是某一特定人物用词的总合或某一作品、文章的词语的总合，如鲁迅的词汇、夏目漱石的词汇、红楼梦的词汇、源氏物语的词汇等。

第四，日语还可以将词汇按照语种的不同进行分类，如和语词汇、汉语词汇、外来语词汇等。

第五，词汇的性格取决于人们对词的认识，取决于不同时期不同的人对词的感觉。根据人们对词汇的认识和感觉，我们还可以将词汇分成新词词汇、旧词词汇，雅语词汇、俗语词汇，流行词汇、古语词汇，年轻人词汇和老年人词汇等。

四、基本词汇、基础词汇和基干词汇的区别

基本词汇是现实生活中最常用、最基本的词汇，是反映人们基本活动、基本思想、基本特征的词汇。基本词汇具有最大的全民性，任何人无论是口头还是书面，在思想交流、生活交际方面，都离不开基本词汇。基本词汇的特点就是使用频率高、使用范围广，是词汇中最活跃也最易理解的词汇。基本词汇也是我们在学习日语时应该最先学习的词汇。

基础词汇又是基本词汇中最基础的词汇，也是日常交流所必备的最低限度的词汇。我们每天的生活都有一些基本的概念需要表达，如身体各部位的名称，数量、方法、色彩每天重复的动作，对人和事物的基本判断等，表达这些基本概念的词汇就是基础词汇。基础词汇诞生于基本词汇。

基干词汇不同于基本词汇和基础词汇，它是作为某一领域的基干而存在的词汇。如果承认语言有其自然集团的话，那么基干词汇就存在于其中。所谓语言的自然集团是指新闻报道、小说、研究性论文、日常会话等所有人类自然表达而形成的语言集团，每个集团中有属于各自集团的语言要素，这些语言要素中最具代表性和概括性的要素就是该语言集团

的基干词汇。如我们可以将一部作品中以广泛且较高频率出现的单词的集合体视为该作品的基干词汇。那么基本词汇、基础词汇和基干词汇是如何产生的呢？

（一）基本词汇的产生

基本词汇的概念不仅拥有实用意义，也拥有语言学层面的意义。从语言学角度来讲，基本词汇就是语言中基本程度最高或者说最基本的词汇的集合体，也是最具词汇基本特征的一批词。基本词汇需要通过对词汇的使用乃至理解情况的调查客观求得。通常专家们通过各种类型的词汇调查，可以发现一些使用频率较高、覆盖面较广的词汇。这些词汇具有日语词汇的基本特征，根据这些词汇所体现出来的基本特征，也根据每个词实际的覆盖面和使用频率确立基本词汇。因此基本词汇也是在某种目的下所做词汇调查中选出的使用频率高、范围广的一般性词汇。

从实用角度来讲，基本词汇必须在文章和日常交流中广泛使用，同时也必须是语言社会成员广泛理解和接受的。因此，反过来也可以从是否在文章和日常交流中被广泛理解和使用出发间接地确定基本词汇。

基本词汇不可能无限大，它是为了达到某一目的在初始阶段所必须具备的词汇。日语中具有代表性的基本词汇调查有以下两类。一是池原楢雄以日本小学国语教材为调查对象而筛选出的各领域使用频率较高的 3000 词；一是桦岛忠夫、吉田弥寿夫以日本的高中教材为调查对象在使用频率最高的词中筛选出的 1803 词。依据这 1803 词，日本出版了《用于留学生教育的基本语汇表》。根据使用频率进行基本词汇筛选时，常常受到被调查内容的影响。被调查内容中某些词汇集中出现的话，基本词汇就会有所体现。因此进行基本词汇调查时，调查对象一定要范围广、代表性强。

词汇可以按照时代、地域、作品、人群等的不同分门别类地进行分类，基本词汇也不例外。例如我们可以将基本词汇划分为现代日语基本词汇、书面语基本词汇、新闻报道类基本词汇、医学领域基本词汇、工业用语基本词汇等。

（二）基础词汇的产生

基础词汇从基本词汇中产生。基础词汇的产生不同于基本词汇，它的确定可以不通过词汇调查，一般由专家根据语言教育相关的理论和观察主观判断确定。基础词汇通常指以下两种词汇：一是日常生活中缺之不可的词汇；一是语言教育中的基础词汇。判断基础词汇的主要依据是看词汇的使用频率是否高，是否是日常生活必不可少的，同时少儿是否熟悉，词所表达的概念是否在其他语言中也存在，是否无法被其他词汇替代等。但是，由于基础词汇的确定主观性强，其规模和标准是否妥当一直受到关注。

无论哪种语言，也无论该语言中的外来语词有多少，表达基本概念的词一般都是该民族所固有的词汇。日本最早的基础词汇表是 1933 年由土居光知编写的《基础日本语分类表》。该分类表受到 1930 年英国语言学家奥克登等推出的用于第二语言交流的《Basic English 850》影响。《基础日本语分类表》确定了 1100 个基础词汇，并按词义将其分类。其中表示人的有 19 词，表示服装的有 12 词。此外，1987 年日本语言学家玉村文郎为初级日语学习者选定了《日语教育基本词 2570》作为学习日语必须掌握的最普通、最基础的词汇。

虽然基础词汇系统地汇集了不同领域、不同意义的词汇，但由于它是依主观而确定的，所以就有可能包含确定者的主观偏见。基础词汇也可像基本词汇一样以统计的方法客观选定，但由于用作词汇调查对象的资料有限，收集各个不同使用领域的词汇异常困难，专家们常常将两种方法结合起来，在词汇调查结果的基础上加入主观判断，以此来确定基础词汇。1984年日本国立国语研究所出版了《为日语教育所做的基本词汇调查》。该词汇调查是由22位专家从《分类词汇表》中筛选出日语学习者必备的基本词汇后，参考各类词汇调查的结果，在主观判断的基础上确定的。

（三）基于词汇的产生

基于词汇也同样可以通过词汇调查产生。当人们在进行语言作品的词汇调查时，无论是从话题出发，还是从文章类型出发，或者不考虑内容因素，只是机械地以某种方法分类，都会发现每个单词会在不同的层面出现，同时人们还会看到单词在不同层面以怎样的一个频率而存在。在各个层面广泛地、并且是高频率出现的单词的集合体就是我们将要从该语言作品中选出的基干词汇。

五、日语词汇教学概述

词汇是构成语言的最小独立单位，与语音、语法共同构成语言的三要素。音是词的物质外壳，形是词作为文字符号的拼写或书写形式，是音的书面形式。

关于词汇在日语教学中的地位问题目前还有很多争论。有观点认为语言教学应该以句子为基本单位，不必孤立地教授词汇；还有观点认为，只要记住单词并懂得语法就算掌握了语言。我们认为，任何一种语言技能的形成都必须以一定的语言材料为基础，积累语言材料的一个重要方面就是积累词汇。因此在日语教学中，词汇教学还是占据重要地位的。如何帮助学生记忆词汇、准确理解词汇意义、把握词汇概念等，是词汇教学的关键，也是词汇教学中的难点和重点。

六、日语词汇教学策略

1. 揭示词义策略

有些日语词汇粗看上去与汉语字词的意义相同，而实际上日汉语词汇所表达意义的内涵和外延不同。

正确理解词义的最有效的方法，就是根据词汇的特点，分别采用翻译、直观释义、构词分析、同义词、反义词、上下文等手段，对词义概念的内涵、外延充分掌握，从而把握词汇的准确意义。揭示词义教学策略如下：

（1）直观释义或对译。

初级阶段日语教学适用直观释义或对译法揭示词汇意义。直观释义就是利用图片或演示事物来解释词汇意义。例如，一些寒暄语可以用图片演示或幻灯演示等制造语境，以这种鲜明、形象的方式提高学生的学习兴趣，加深印象，增强记忆。对译就是将日语词汇翻译成汉语。具体方法如下：

①触景生情。指导学生有意识地强化直观释义训练，观察身边事物，主动用日语词汇表达。

②应用限制。建议在初级入门阶段采用直观释义和对译方法，当词汇掌握到一定数量就不要浪费时间去图示解意，要逐渐过渡到用日语揭示词义。因为随着所学的词汇抽象性增强，难以用图示来表现，硬要表现也难以达到第二信号转换的形成，所以对中高级的日语教学来说，最好谨慎采用此策略。

（2）日语释义。

语言教学到一定程度，学生已经掌握一定的词汇量和语法规则后，教学中对词汇的释义要逐渐过渡到用日语去揭示词义的训练。

①工具书的运用。最初建议采用对词汇的解释简洁易懂的日文原版辞典，如《小学馆国语辞典》《简明国语辞典》《为外国人编写的日语辞典》等。

高级程度的日语词汇学习要使用逐渐提高难度水平和语言解释完整详细的工具书，建议采用《详解国语辞典》《新明解国语辞典》《广辞苑》等。

②对日语释义的认识。最初使用原文工具书时，通常会很慢，有的人认为耽误时间，所以就采用简单的办法——查找汉日辞典。但是，这种查阅日语词汇释义的学习对于提高阅读理解能力、日语思维习惯及日语语感的形成都有帮助，所以，一定要根据学习情况，尽量多采用日语释义策略。

③对释义内容的查找。在查找词汇时，由于不理解日语说明部分的词汇，造成误解的情况也时有发生。因此，对于解词中出现的生词也要认真查找。目前一些电子词典已经包含了词语联查（不同辞典对同一单词的注释）、追加查找（对注释中出现的生词的追加查找）等功能，方便了日语学习者的学习。

④日语释义教学开始时间。通常在学习完第一、二册书以后，对于一些名词就可以采用日语释义策略教学。学习完第三、四册书以后，对于动词、副词、接续词也要开始采用这一策略。特别是在比较同义词、近义词时更是要反复对照日语注释和例句来体会。

2. 记忆词汇

（1）意向识记。

意向识记，是指识记的效果受识记有无意向和意向状况的制约，简单地说就是做好记忆前的准备。通常有具体意向的识记效果高于笼统意向的识记，因此首先在记忆词汇之前要明确记忆目标，做好记忆计划。

①明确记忆目标内容及具体要采用的方法。

②提高学生参与度，保持强烈的记忆欲望和对记忆内容的兴趣，有决心和信心完全记住需要记忆的词汇。

③限时记忆，增强记忆的紧迫感。课堂教学中组织学生将需要记忆的词汇划分成一个个小的目标，如第一遍记忆词汇的意义，第二遍记忆词汇的假名和当用汉字，第三遍记忆词汇的短语及相关词组，最后提高记忆的准确率。通过积极训练，可以提高记忆效率。

④在词汇记忆时要始终保持长远记忆这个目标，不是为了应付考试或临时的任务才去记忆。这样，才能记忆得更久远些。

（2）特征记忆。

特征记忆，是指通过对比、类比，指导学生感知词汇的特征所在。这是记忆词汇的第一道关口，把握不好会印象模糊、记忆不清。

①先整体后局部，再看细节。通过词汇的特征来记忆词汇，可以摆脱机械性重复记忆不能达到长时记忆的弊端，这对记忆音节较长的词汇尤为有效。

②短语识记。教科书中讲解重点词汇通常是以例句提供语境，帮助学生理解词汇使用场合。但是，例句较长，可以提供语境却不利于记忆，只会加重词汇学习的负担。

通过短语、词组学习生词，既可理解词义又可运用词汇，一举两得。例如，动词的学习，考虑到作为黏着语的日语依附助词的特点，根据动词意义给出短语搭配就是较好的动词学习方法。但是在选择与生词搭配，构成短语的词汇时，应注意以“典型、浅显、生动”为原则。否则，只会为词汇的学习增加难度，不利于对生词的理解记忆。

（3）材料加工记忆。

材料加工就是归类整理需要记忆的词汇，通过分组、重新组块，找出新旧词汇的内在联系或差异，加深学生对词汇的理解和记忆。

①归类组织。按照词汇的特征或类别进行整理归类的记忆策略。这种记忆策略有助于学习者将新学到的知识与旧知识相互联系，构成一个整体，形成一种结构。

按照心理学研究结果，在归类记忆时，分类水平越高，记忆效果越好。如果分成的组数和每组词汇的个数控制在短时记忆容量内的5~9个项目，更有利于记忆。

按照归类策略记忆的词汇，回忆时浮现率较高，而且在归类过程中，思维能力也得到训练。在词汇教学中，教师可以通过对近义词、反义词、同义词的归类，开发学生思维，增进学生对词汇的记忆和理解。

②组块记忆。为了增加记忆内容的信息量，在日语教学到一定阶段时可以采用组块的方法，将所学知识中孤立的项目尽量连接成较大的块，组块的体积越大，能够记忆的内容越多。根据短时记忆容量是 7 ± 2 个组块的记忆理论，在材料的选择上要注意，按一次识记一般不要超过7个组块的原则去划分识记单元为佳。

（4）感官协同记忆。

识记外语的第一步就是感觉记忆。人的感觉如视觉、听觉、触觉、嗅觉和味觉都是通过不同的通道进入短时记忆的，应充分利用每一个通道进行记忆，在可以有效排除干扰的同时，增强记忆方面的刺激，方便应用时的提取。

现代科学研究证明，记忆信息85%来自视觉，11%来自听觉，3%或4%靠触觉和嗅觉。单位时间内接受的信息量，单凭视觉是听觉的一倍，而视觉、听觉协同起来的作用是听觉的十倍还多，由此可见，指导学生学习时要特别注意感官并用法。记忆日语词汇，除了强调眼看、耳听、手写、口念、脑思等多种感官并用外，还特别强调浮想记忆，即背诵完词汇以后，合上书本，努力回忆自己记忆过的内容，在回忆过程中尽量不去翻看书本，回忆活动结束后再打开书本，确认自己的回忆是否准确，有无失误或遗漏。这种回忆记忆法也是突击背诵的好方法。对于抽象、枯燥的词汇采用联想记忆的方法，赋予其生动的意义，从语音、语义的角度对词汇展开丰富的联想，有助于学生记忆词汇。

3. 保持记忆

遗忘是记忆的天敌，记忆一结束遗忘就开始了。因此，教学过程中必须重视对学生记忆的保持，通过复述、过渡学习、复习、回忆等方式，与遗忘作斗争。

（1）复述策略。

复述包括两大部分：一是对词汇读音的复述，可以通过朗读等方式进行；二是对语义的复述，主要是针对用日语释义词汇的释义部分的复述和对由新词构成的词组的复述。复述策略的运用能力是随着年龄的增大而增大的，教师要督促学生增强主动复述意识，尽快习惯于复述的训练，在巩固记忆的同时，提高运用日语表达的水平。

①经常复述，培养复述习惯。

②通过多种方式提高复述能力。复述的方法有很多，如复述新单词构成的短语；复述新单词构成的短句；复述教师用日语对重要词汇的词义解释中的关键词或句子；用自己的话复述辞典对词汇词义的注释等。

③重点复述。在不断提高复述的准确度和精确度的同时，在复述中注意抓重点、中心，逐步从机械性复述过渡到具有选择性地重点复述。

（2）过渡学习策略。

过渡学习就是在刚刚能背诵或回忆的基础上学习。学习内容的保持量随着过渡学习的增加而增加，但过渡学习的次数太少，保持的效果不理想，次数太多则保持量的增加幅度也不明显，浪费时间和精力。

研究表明，保持效果既省时又省力的最佳过渡学习率为50%~100%。例如，记忆一组词汇需要诵读8遍，那么过渡学习的最佳值为4~8遍，总共应读12~16遍。指导学生坚持过渡学习，可以更加牢固地准确记忆。

（3）复习策略。

从艾宾浩斯的遗忘曲线可以知道，学习新材料后20分钟的遗忘率为42%，此后遗忘速度减慢，两天以后遗忘率就没有太大的变化了。遗忘的进程是先快后慢，先多后少，因此，可以采用及时复习和分散复习的策略巩固记忆。

①及时复习。及时复习是要求趁热打铁，学习后在当天复习一刻钟比一星期后复习一小时的效果更佳。记忆单词必须及时复习，但是还要注意，"及时复习"不是"即时复习"，如下课就背诵复习。

一般来说，每天晚上睡觉前一刻钟将当天学习的重要内容回顾一下，效果会更好。

②分散复习。艾宾浩斯的遗忘曲线告诉我们，及时复习后仍会遗忘，因此还需要定时复习。有人在记忆生词时采用背外语辞典的方法，记忆一页就撕掉一页，这是不科学的，因为当时记住了并不表示永远不会忘记。

研究表明，定时复习时，分散复习优于集中复习，即一次复习两小时，不如分四次，每次复习半小时效果更好。随着复习次数的增多，复习时间的间隔应逐步拉长，每次复习的时间也可逐次缩短。

（4）回忆策略。

许多学生在记忆词汇时采用反复看、反复写的方式，实际上这是一种低效率的复习方式。研究表明，试图回忆是一种有效的复习方式。

①将需要记忆的词汇分成几部分，可按照组块策略，分为7个词汇或词组为一个组块。

②阅读几遍词汇后，就遮住日语，尝试看着汉语背诵或默写，回忆不起来的地方再重新阅读记忆。

③背过几个组块后掩卷而思，尝试背诵或默写，想不起来的先看汉语词义，实在想不起来的，再看日语。如此循环往复直到记牢为止。

④一般来说，全部练习时间的60%~80%用来试图回忆，20%~40%的时间用来诵读效果较好。因为回忆期间能够调动学习者的自我参与意识，促进积极思维，增强学习的反馈，使注意力集中到没有记住的地方，避免了反复背诵时平均使用时间和力量这种被动学习的弊端。

第四节 日语语法教学及策略

一、日语语法的一般特征

世界上的语言有孤立语、屈折语和黏着语三大类。

汉语属汉藏语系，是孤立语。这一类语言每个音节有一定的单独意义，没有词尾变化，主要依靠词序来决定词在句中的职能。

英、德、法语属印欧语系，是屈折语。这一类语言有词尾变化（即词尾的屈折），依靠这种变化来决定词在句中的职能。

日语属阿尔泰语系，不属于上述两种类型，而是黏着语。日语在语法上有以下几种特征：

（1）不是依靠词尾的屈折（即变化），而是依靠助词或助动词的胶着（即附加）来表示词在句中的地位或语法职能。因此，这些胶着成分（助词、助动词）在日语语法上具有很重要的意义。体言没有性、数、格的语法形式。性和数要用实词素表示，用专门的词——助词表示。无冠词。代词与其他名词没有语法上的明显差异，使用频度也不高。第一、二人称代词数目甚多。指示代词构成严整的体系。疑问代词还有非疑问用法。无关系代词。数词有副词用法。量词数目甚多，序数词和数量词没有完全分化。

（2）日语的部分词类（动词、形容词、形容动词和助动词）有词尾变化。但其变化不是直接以词的性、数、格等为转移，而是以后面的胶着成分为转移的。用言和助动词有词形变化，词形变化的方式与后续词的种类或该词在句中的位置有关，与关联词的性、数、格无关。因此，与英、俄语等的词形变化有本质不同。汉语无词形变化。动词无人称变化，但敬语动词、授受动词、意志推量表达法等动词隐含有人称内容。动词的时态有使役态和被动态，二者形态上区别明显，而汉语的"让"兼表这两个态。自动词也能构成被动态，这与英语等语言不同。自动词和他动词在语法性质上不完全对立。动词在形态上只能表示出两种时态：过去和非过去，非过去形兼表示现在时和将来时。补助动词发达。

（3）句子成分有一定的语序，句子可以分成句节，一般主语在前，谓语在最后，宾语在动词前面。即主语—宾语—谓语。

这和汉语大不相同。汉语的语序一般是：主语—谓语—宾语。日语中还有句子成分的倒装和省略等情况。

（4）修饰语一定在被修饰语之前。即：定语或状语一定在它所修饰的名词或动词、形容词、形容动词之前。形容词数量少，不足部分由形容动词、部分动词弥补。形容词、形容动词以直接做谓语为主要功能，这不同于英语形容词。

（5）敬语很发达。这不仅表现在词汇上，也表现在语法形式上。敬语语法构成独立的语法范畴。对于对方或第三者表示尊敬时使用的语言表现形式叫作敬语。敬语法在日语中非常复杂，使用范围较普遍。副词中有规定陈述形式的陈述副词，无表示否定和地点的副词。部分助词也能起副词作用。用接续助词或并列助词表示句子或句子成分之间的各种关系。

（6）语序。谓语固定于句末。修饰语位于被修饰语之前，其他成分之间无固定语序。一般而言，主观性较强的成分如接续词、感叹词、陈述副词、话题等位于句首，客观性较强的成分距谓语较近。由于对场面的依赖性较强，所以日语句子中的省略较为常见。

"语法"一词有三种含义，分别反映了人的语言活动的客观实践—主观认识—运用这三个阶段。当然，"语法"一词也常常是笼统地来使用的。

作为语言事实的语法，即遣词造句的客观规律。"语言由语音、词汇、语法三部分组成"这句话中的"语法"就是此意。这种意义上的语法知识并不是理性知识。只有在有意识地提高语言运用的能力或进行语法教学时，语法才成为人们观察和研究的对象。

不同的语言有不同的语法。汉语、日语、英语等等都有自己的语法，而就上述意义的语法而言，每种语言的语法只能有一个。

二、理论语法

作为语法理论的语法。把客观的语法事实和规律体系化，便成为语法理论，亦称语法。也可称为"语法学"，但语法学一般不包括实用性的成分。"我没学过语法"这句话中的"语法"就是此意。这种语法，就某一语言来说，只有主动地、有意识地、系统地观察或研究过该语言，或读过该语言的语法书的人才知道。

尽管客观的语法事实只有一个，但由于语言观等的不同，语法理论或语法体系却是多种多样的，如"桥本语法""松下语法"等等。这些语法体系，往往以某语言学理论为依据构建而成，如"桥本语法"中有很强的结构主义语言学的因素。

另外，不同的角度、不同的方法和不同的目的，又决定了各种语法体系具有不同的性质。从性质上，可分为描写语法、说明语法、比较语法、历史语法、规范语法、实用语法等等。

当然，语法事实的客观性，决定了各种语法体系都需要划定语言单位，从语言单位的形态、意义、功能方面做系统的理论阐述。在这些方面，各语法体系又都保持着共性。

一般认为，语法包括三个组成部分——词法、句法以及篇章。

客观的语法事实异常复杂，而任何语法体系都不能概括得十分完美。学习语法首先要注重实际，要掌握更多的语法现象。

三、标准语法

专指衡量语言对错的规则，即各语法体系中所共同承认的、最接近于客观实际的、被大多数人认可的规则。如"这句话不合语法"中的"语法"就是此意。

另外，过去"文法"一词在中国和日本都做"文章作法"或"修辞学"来讲，这也主要是运用方面的问题。

（一）日语语法学习概述

语法是关于语言知识的系统描写。作为语言学研究的一部分，语法学包括形态学和句法学，是与语音学、语义学并列的。基础外语课程的语法内容，一般都是遣词造句规则，即词的形态变化或构成规则、句子构造规则以及这些语言现象的语法意义和用法。语法内容的选择性略大于语音，根据课程的教学目的有所取舍。例如，有的日语教科书中的语法编写以郑重体为主要体例，一些口语体在课文、语法中所占的比重就有所减少。尽管如此，也不意味着口语体就不重要。

语法知识的学习体系多种多样，有体系性和非体系性之分，即同一范畴的语法知识集中学习还是分散学习，还有模式性和非模式性之分，即以"句式—例句"还是用语言表述规则体会例子。不论何种学习体系对日语语法学习都具有现实意义。

外语教学法研究中也有过语法要不要学的争论。有人主张教学中不必教语法，可以结合会话教学，通过句型模仿达到纯熟。其论据之一就是本族语的学习不是从语法学习开始的。但是，不能回避的是幼儿时期的语言学习实际是通过大量的模仿式操练习得的，并不能说明幼儿语言就是规范的语言，当成人纠正幼儿的不规范话语时，就应该视之为幼儿对语法规则的学习。因此，语法知识是后天学会的而不是天生的。在外语学习中，语法还是要学，其关键是看如何学，即如何准确记忆，如何把握规则，如何利用已有的知识和能力去掌握语法。

（二）日语语法学习中会遇到的困难

（1）对复杂语法体系的把握困难 日语语法具有极其严密的两套语法体系——文语语法体系和口语语法体系。这两种体系的存在，使日语语法包含着许多其他语法所没有的语法范畴和词类，而其活用变化多样；助词、助动词意义的复杂，形式体言、形式用言抽象得难以琢磨，加之惯用型之多，敬语的存在，所有这一切都是其他语法无可比拟的。这种语法体系本身就为我们对日语语法的记忆和掌握提出了很高的要求。同样的内容可以根据表达者的身份地位、表达的场合等的不同有多种变化形式。一不留神，就会出现交际摩擦。

（2）对语法规则的记忆困难 构成日语语法的一些惯用句型结构复杂，难以记忆。结构复杂一方面是句型结构比较长。由于日语属于黏着语，助词、助动词的应用在语法学习中占据重要地位，汉语的语言规则中没有这种语法特征，并且助词的一词多义也为准确理解、记忆、运用增添了许多困难。对动词、形容词等的用言活用的记忆也属于此类。

（3）对语法的错误理解　日语中存在着两种性质截然不同的词类，一种以表示客观事物为主，另一种以表示主观意志为主。前者也就是上一章在词汇学习中我们所讨论的内容。后者以表示主观意识为主的助词和助动词，可以说是撑起日语语言的骨架。因为在日语中，句子成分之间的逻辑关系，增添某种语法意义，表示前后成分的接续关系，表示说话人的语气，句子的态、体、时等语法范畴，几乎都要靠助词、助动词来表示。因此，按照日语语言学习的特点，我们将这一部分具有语法功能的词汇学习归类于语法。近些年来，日语语言学界对"日语语法学习主要是语法功能词（文法的机能语）的学习"的认识也达成共识，对日语语法功能词的掌握是近些年检测日语能力的重要内容。

常见的日语功能词一般包括句型、助词、助动词、文言助词及助动词的残余用法、起助词和助动词作用的复合成分（由两个或两个以上的词或词素构成，相对固定的复合形式）。一般来说日语的语法功能词可以从广义和狭义两个方面来认识。广义的语法功能词指所有具有语法功能的词，包括助词、助动词、接续词、语法性接尾词、起助词和助动词作用的复合成分等。狭义的语法功能词一般仅指起助词、助动词作用的复合成分。

语法的概念理解错误是导致语法误用的关键。可是，由于我们习惯以汉语的意义去理解日语语法，由此导致的对日语语法意义分辨不清的情况时有发生。例如，汉语的"想……"在日语中就有很多的表示方法。

（4）对语法熟练应用的困难　语言规则学习的目标就是能够熟练应用，语法的学习也是这样，把已经理解和掌握的语法、句型自如地运用到会话、写作等语言实践中去，是语法学习的目标和关键。然而，我们往往在语法学习中只重视书面练习，通过做练习来达到熟练，致使语法口语应用中出现影响交际的错误，或者交际过程中表述不流畅。

（三）语法归纳训练技巧

（1）组块数量。按照聚类组织原则，通常分类的水平越高，其记忆的效果越好。从短时记忆容量看，将分成的组数和每组的个数控制在 5 ~ 9 个项目之间，更利于记忆。所以，在对具体语言内容进行组块分析时，要采用"先具体后概括，先细节后框架"的方法，逐步将有关语言规则的知识组织起来。

（2）根据学习阶段及时整理。关于儿童组织发展水平的研究表明，儿童已经有自发使用聚类组织策略的倾向。成年人的聚类分析能力已经成熟，提高分析意识，对学习过的语法规则进行定期整理，有利于构建语法知识结构框架。

（3）参考前人经验。自主实施聚类组织行为时，有时费时费力，还不一定准确，可以参考教师的讲解或教科书、参考书中的材料，或者在教师指导下进行，以减少盲目行动。

（4）概括法。概括法又称概括组织策略。它是指以摒弃枝节、提取要义的方式组织信息。布朗荷戴曾把"概括"归纳为五条原则，从易到难可排列为：略去枝节，即概括时省略不十分重要的材料；删掉多余，即已涉及的知识不再重复，即使前后在形式上稍有不同，也要如此。代以上位，即以一个类似的标记去概括总属概念，用补助动词这个概念去代替一个个具体的补助动词；择取要义和自述要义，即找出一个主题句。

四、日语语法教学概述

　　语法是关于语言知识的系统描写。作为语言学研究的一部分，语法学包括形态学和句法学，是与语音学、语义学并列的。基础外语课程的语法内容，一般都是遣词造句规则、词的形态变化或构成规则、句子构造规则以及这些语法现象的语法意义和用法。语法内容的选择性略大于语音，根据课程教学目的有所取舍。例如，有的日语教科书中的语法编写以郑重体为主要体例，一些简慢的口语体在课文、语法中所占的比重较小。尽管如此，也不意味着口语体就不重要。语法知识的学习体系多种多样，有体系性和非体系性之分，即同一范畴的语法知识集中学习和分散学习；还有模式性和非模式性之分，即是以"句式学习—例句学习"还是用语言表述规则再体会例子。不论何种学习体系对日语语法学习都具有现实意义。外语教学法研究中也有过语法要不要教的争论。有人主张教学中不必教语法，可以结合话语教学，通过句型模仿达到纯熟，其论据之一就是本族语的学习并不是从语法学习开始的。但是，不能回避的是幼儿时期的语言学习实际上是通过大量的模仿式操练习得的，并不能说明幼儿语言就是规范的语言。当成人纠正幼儿的不规范话语时，就应该视为幼儿对语法规则的学习。因此语法知识是学会的，而不是天生的。

　　在外语教学中，语法还是要教，其关键还要看如何教，即如何帮助学生准确记忆、把握规则，如何利用学生固有的知识和能力去讲授新语法，这也是语法教学的重点。

五、日语语法教学策略

1. 把握语法体系

　　日语语法具有极其严密的两套语法体系——文语语法和口语语法，这两种体系的存在，使日语语法包含着许多其他语法所没有的语法范畴和词类。同时，词汇活用变化多样，助词、助动词意义的复杂，形式体言、形式用言抽象得难以捉摸，加之惯用型之多，敬语的存在，为日语的语法教学增加了难度，也对教学提出了更高的要求。同样的内容可以根据表达者的身份地位、表达的场合等多种变化形式，一不留神，就会出现交际摩擦。因此，学习掌握庞大的语法体系是日语语法教学的一道难关。

2. 记忆语法规则

　　构成日语语法的一些惯用句型结构比较复杂，难以记忆。结构复杂一方面是指句型结构比较长，另一方面是指句型搭配，记忆句型是日语语法教学的难点之一。此外，由于日语属于黏着语系，助词、助动词的应用在语法学习中占据着重要地位，所以不仅要记住每个助词和助动词，还因为助词的一词多义，也为学生的记忆、理解增添了许多困难，还有对动词、形容词等用语活用的记忆也属于这一类。

3. 正确理解语言规则

　　日语中存在两种性质截然不同的词类：一种以表示客观事物为主；另一种以表示主观意志为主。

以表示主观意志为主的助词和助动词撑起了日语语言的骨架。因为在日语中，表示句子成分之间的逻辑关系，增添某种语法意义，表示前后成分的接续关系或是表示说话人的语气，句子的态、体、时等语法范畴，几乎都要靠助词和助动词来表示。因此，按照日语语言教学的特点，我们将这部分具有语法功能的词汇归类于语法。近些年来，日语语言学界对"日语语法教学主要是语法功能词的教学"的认识也达成共识，学生对日语语法功能词的掌握是近年日语能力检测的重要内容。

常见的日语功能词一般包括句型、助词、助动词、文言助词、助动词的残余用法、起助词和助动词作用的复合成分（由两个或两个以上的词或词素构成、相对固定的符合形式）。

一般来说，日语的语法功能词可以从广义和狭义上来认识。广义的语法功能词指所有具有语法功能的词，包括如助词、助动词、接续词、语法性接尾词、起助词和助动词作用的复合成分等。狭义的语法功能词一般只指起助词和助动词作用的复合成分。日语语法结构的特殊性，为我们准确掌握和理解语法带来了困难。

语法的概念理解错误是导致语法误用的关键。可是，由于我们习惯以汉语的意义去理解日语语法，由此导致对日语语法意义分辨不清的情况时有发生。

4.熟练应用语法

语言规则教学的目标就是能够熟练应用语法，如何让学生把已经理解和掌握的语法、句型自如地运用到会话、写作等语言实践中，也是语法教学的关键。

不过，如果在教学中偏重书面练习，通过完成习题来达到对语法规则的熟练，在口语应用时就容易出现影响交际的语法错误，或者交际过程中出现语言迟缓、表述不流畅等问题。因此，帮助学生熟练应用语法规则也是教学的一个重要内容。

第四章 日语技能教学及策略

第一节 听力教学及策略

一、"听"与"听见"

大多数人在上面的"活动"中写的答案都会包括这一点：听者在听的过程中是一个主动的合作者。当闹钟在早晨响起时你会听见，无论你是否想听见。如果在很特殊的一天，闹钟还没响你就醒了，你会躺在床上，等着听闹钟响起，然后起床。或者说当你做饭时电视开着，作为背景声音，那么你是在听还是只是听见了电视中传来的声音？这取决于你对电视中的声音所给予的注意力有多少。你可能只是听见了什么，但是当重要的信息出现时，比如，新闻或天气预报，你可能就会真正在听。关键在于听是一项十分主动的技能。它要求听者有主动的注意这种将听力作为一项主动技能的认识是近期的事。多年来，人们将听和读视为被动技能，将说和写视为主动技能。实际上，直至20世纪70年代后期，人们对英语作为第二语言和英语作为外语教学中的听力教学仍关注不多。如果说有什么关注，也仅仅是将听者视为"活录音机"：他们接收一些信息，将其保存在一种中期记忆中，然后对其加以运用。现在我们认识到，听力过程其实要复杂得多。听者听的时候要主动给予注意力并尽力理解和解释所听到的内容。

二、日语听力教学的现状

（一）基础阶段听力教学的要求

《大纲》将第一学年和第二学年定为高等院校日语专业本、专科基础阶段，同时也对教学量和教学要求做了明确的规定。就语言技能中的听力训练而言，《大纲》规定：

第一学年要求学生：①能在语流中正确辨别各音节；②能听懂课堂用语和一般的日语讲解；③能听懂和所学课文难度相同的听力教材及录音材料；④能听懂以学校日常生活为题材的一般性谈话，理解准确率在80%以上；⑤能听懂语速每分钟为200~220个字，生词不超过10%，无新的语法现象的听力材料，听两遍后要求理解中心大意，抓住主要情节，理解准确率在75%以上。第二学年要求学生：①能听懂日语讲课及与所学课文难度相同的听力教材或录音材料；②能听懂日本人用普通话（标准语）以正常速度做的一般性讲演或简单的报告，理解准确率不低于 65%；③能听懂语速每分钟 240～260 个字，生词不超过 10% 的原版听力材料，听一遍后要求理解中心大意，抓住主要内容和重要情节，并能辨别说话人的语气和态度，理解准确率在 75% 以上；④能听懂我国国际电台的对日广播中的新闻和文化节目的主要内容，理解准确率不低于 60%。

听是外语学习的四项基本技能之一，是外语教学的目的，也是学习者获得日语知识、技能的源泉和手段。从传递信息的角度而言，听是吸收的过程，属于言语理解的技能。听还是一个被动的过程，尽管听的过程也包含主观分析等主动因素，但是却无法摆脱其被动地位，因为别人讲什么由别人决定，不能以听话人的意志为转移。从语言的表现形式来看，听的过程则是隐蔽的，是否听懂往往不能立即被发现。因此，听解也是一种复杂、紧张、富有创造性的智力活动，它要求听者在这种活动的过程中积极地进行感知、记忆、分析、归纳、综合等思维活动。

听与阅读一样，都属于领会式言语活动，有感知和理解的过程，其效率也包括理解程度和理解速度两个要素。外语学习中的听觉技巧主要是指推测能力和预测能力。这些能力的提高通常以阅读理解能力为基础。由于听和读所凭借的感觉器官不同，所以听觉理解能力虽然以阅读理解能力为基础，但是仍需要组织专门的训练。

听不是一种被动的技能，而是一种接受性技能。与之相反，说和写则是产出性技能。这是一个重要的区别。正如下面我们将看到的，我们经常可以理解语言却不能表达。当我们着眼于教授听力以及听力任务的性质时，这一点会对我们产生巨大的启示。然而，现在只要注意到接受性技能和产出性技能的区别就可以了。如果你学过外语或者出过国，你就会体会到有些话语你说不出来，但可以听懂。或者说，如果你看了一部用自己从未讲过或学过的英语拍成的电影，你听到后可以理解其意思，但是你无法用原话复述所听到的内容。这正体现了接受性语言与产出性语言的区别。

（二）基础阶段听力课的设置

根据《大纲》的要求，我国高等院校的日语听力课基本上安排在第一学年和第二学年。进入高级阶段的第三学年和第四学年，大部分高校多采用以视听课取代听力课的方式。《大纲》虽对基础阶段各门课程总的教学量做了明确的规定，但对于每门课的具体分配，每门课在学期当中应占的学时并未做出具体规定：为此，笔者参考了上海几所高校日语专业的教学计划，将基础阶段听力课的学时设置情况总结如下：

表 4-1　基础阶段日语听力课的设置

基础学年	学期	甲大学	乙大学	丙大学
第一学年	第 1 学期	—	2	2
	第 2 学期	2	2	2
第二学年	第 3 学期	2	2	2
	第 4 学期	2	2	2

从以上数据可以看出，对于我国高校日语专业基础阶段听力课的设置，绝大部分高校

都是从第1学期开始抓起。有部分高校认为，第1学期是学生习得日语知识的入门期，而系统的听力训练则被安排在了第2学期。但是从学时的安排上看，三所高校的安排均为一周2学时，然而想要在2个学时中使学生的听力水平得以提高，这对学生，同时也对教师提出了挑战。

（三）听力课的授课模式

现在国内的听力教学主要采取以下授课方式：听力训练前，教师对将会在对话中出现的生词进行简要说明，对新的语法进行讲解。之后，在听力训练过程中，重复倒带、进带，对没有听懂的语句反复听，直到学生听懂为止。

从中我们可以发现，这样的教学方式，使听力课变成了学生自己的练习课，即使不用老师教，学生只要购买一部录音机和配套磁带，自己在课下也能独自进行。因此，教师对所听内容的知识背景、听力技巧讲解甚少是当今高校基础阶段听力教学的一大缺陷。

三、听解在语言学习中的作用

第二语言习得研究表明，一门外语的掌握，必须有大量的输入才能实现。不言而喻，"听"就是输入的一个重要途径。我们首先看一下"听"的重要性。

我们日常生活中的母语听解，主要是为了获取信息。但我们听日语，在理解信息的同时，还有一个重要的目的，就是"获得语言习得所必需的输入"，即我们要通过"听"学习语言。人类的语言交流由听、说、读、写四项技能组成，但我们在日常生活的交流中，"听"占的时间比例最大，约为50%以上。可见"听"是交流活动的主角。

所谓"输入"，也就是输入给学生的目标语言，换言之，就是学生"听到的日语""读到的日语"。所谓"输出"，就是学生产出的目标语言（日语），换言之，就是学生"说出的日语""写出的日语"。从第二语言习得的过程可知，"听"和"读"是"输入"，"说"与"写"则为"输出"。

这里重要的是要理解下面两点：一是"输入"对学生而言，注定要包括不知道的词语和听不懂（不理解）的部分，如同宿命，而且只有将这种输入变成"可理解的输入"，才有望提高学生的运用能力。二是学生的"输出"是由运用能力产生的，而运用能力的形成，则需要大量的从"可理解的输入"中获得营养滋润才能发育成长。从大量的输入中成功地得到"可理解的输入"，这种输入可直接促进运用能力提高，在这个意义上，对习得来说最为重要。那么，"包括不可理解部分的输入"是如何转化为"可理解的输入"的呢？

（1）学习初期阶段的听解

给初学者何时开听解课，一直存在着下面两种看法：

（A）最好随着日语学习的开始而开始

（B）最好在掌握了一定的词汇和语法后再开始

我们这里还是建议前者，除了强化发音学习之外，还出于以下理由：

我们这里首先想强调：听解学习的重要目的之一，就是"获得语言习得所必需的输入"，所以不能忘记学生要通过"听"而学习语言这一客观事实。这个学习不仅仅包括学习生词和新的表达，还包括耳濡目染、熏陶，获得无形的语感。"听"是这方面最好的老师。

语言的本质是声音，所以不能只看其字，还要听其音学习，不能偏废，两者并举非常重要。特别是学习初期阶段的听解，对学生掌握语音语调也应该是很有益的，在这个意义上，不能不说也有其重要性。

不言而喻，初学者不论听什么听解材料，都不可能全部听懂。即听包括有不理解部分的输入，这是注定的前提，但对这样的输入，通过推测达到理解，对促进语言习得也有很大作用。尽管有生词和听不懂的地方，但通过从自然日语的语流中听取可理解的部分，进而推测其整体意思——这种练习，最好从学习初期阶段就开始。

刚开始学习日语，大多数人都是从学习"五十音图"开始的。学习了若干学时后，就开始接触到日常最常用的如物体名称等简单的单词，或听或读或说或写。

四、听力教学策略

（一）听力时遇到的困难

（1）不能准确感知音节、音拍，难以"听音会意"。要学会听，首先要学会听音、辨音。在前面的日语语音知识学习策略中已经介绍了日语语音的构成特点。例如，由于汉语中没有长音和短音的区别，对日语长短音的听解就成为日语听解的困难之一。由于音长和音拍等的不同导致语意的差异。因此，准确感知语音是正确理解所听话语内容的一个关键。

而通常听力学习所说的听力不是指听音、辨音能力，而是指听音会意能力或听觉能力。培养听音、辨音能力主要是语音学习的任务。对听力学习来说，它只是伴随性的任务。"听音会意"则是将语音与词汇及语法形式迅速建立起联系，从而感知、辨别和理解词句的意义。

（2）不能快速准确存储信息。在运用母语会话时，即使听到很长的内容我们也能够概括地复述出大意，这是因为在听取会话时短时记忆发挥了作用。而用外语交际时，由于对听到的词汇、语法现象或语言交际情境的陌生，或对使用日语进行交际活动本身的不习惯而导致记忆能力低下，不能迅速准确地记住所听到的内容，出现听了后句忘了前句的情况，不能在所听到的内容之间建立起联系，使每一个句子都成为孤立的语言符号，严重影响听解效果。

（3）不能长时间听解。当专注于听解一个话题时，有时对于很熟悉的内容也会因为短时间的大脑运行停滞而产生听解空白，这是由于过度紧张而产生听解疲劳造成的，这就需要通过训练，逐步适应用日语听解的思维方式。

（4）思维方式的调整困难。因为日语与汉语的语序不同，在听解时需要将思维调整到日语表达方式，这种思维的调整是听话人的隐性行为，由于思维习惯的调整是逐步形成的，开始时是汉语表达方式与日语表达方式的交替，必须经过一段时间的训练才能逐步过渡到完全的日语表达方式。

（5）不能准确取舍所听内容的主旨。听解的目标之一是在听的过程中不断对所听内容进行归纳、判断和推理，这一思维活动的前提就是要准确把握话题中心。在用外语思考时会带来智力低下的问题，前面已经讲述过，这种智力低下表现在听解方面就是对于简单的逻辑性内容的推理、判断力降低，无法预测话题的发展趋势，不能迅速调整思路，跟不上说话人的思维变换，不能抓住话题主旨，不能及时对所听到的内容进行分析、思考并提出自己的看法，无法使自己真正融入话题中。

（6）不能适应各种语速的发音。由于每个人的发音习惯和语速不同，跟不上不同说话人的语音和语速成了听解的主要困难。

（二）日语听力能力提高策略

（1）听解训练技巧。中间不停顿听解训练。用学过的语言材料进行听力训练时要坚持快速、综合地理解所听内容，即使在听的过程中遇到听不懂的地方，也不要停顿或反复听，因为停顿或反复听违背听的真实性。并且，一旦养成反复听的习惯，就很难把注意力集中到内容上，也不利于克服听的过程中遇到的语言方面的困难。

选编优秀的听力训练材料。所选的语言材料中新的语言现象尽量少一些，即使有也要能通过联想或借助上下文猜测出其含义。这类语言材料可以是熟悉的也可以是陌生的。不适合听者听力水平的语言材料对听的训练来说可以达到"练耳"的目的，但是对于听解能力的培养来说意义不大。此外，过难的语言材料不利于听者快速地、综合地理解听的内容。

（2）听音会意策略。听音会意是指准确辨音，正确理解话语含义。由于讲话者的出生地、身份、地位不同，男女老幼音色不同，音质不同导致发音不同等原因，直接影响听话人对语音的分辨，影响听解的效果，所以需要具备分辨各种语音的能力，即能够分辨不同地区、不同性别、不同年龄层次的人的日语发音的能力。辨音能力培养主要在语音学习阶段。听音会意训练只有在知识学习和文化学习的基础上才能提高。但是对于已经掌握的日语知识和日本文化知识，也不是马上就能听得懂、理解得准确的，还需要通过应用性训练才能达到纯熟。听音会意能力可以通过扩大听音范围、精听与泛听等进行训练。

在现代日语学习过程中，我们可以应用的学习设备如录音机、录像机、多媒体等教学设施，可以让我们听到各种身份的日本人所说的日语。教师在教学过程中也要选择优秀的、对学习者日语学习有帮助的听音材料，给学生创造一个语言想象和视觉、听觉相结合的日语语言环境，以提高学生的辨音能力。

（3）扩大听音范围训练技巧。语音阶段的听写训练在语音部分已有说明。在课文学习阶段的听写训练的内容可以包括听写各课的单词、句子，听答（听教师就学过的单词、句型和语法，口头提出问题，迅速写出答案），听写课文中的一段话，听写与课文难易程度相同的录音文章，听写填空（事先做好听写材料的填空题目，练习时先放两遍录音，之后边放录音边停顿，在空格内填写录音中的关键词或句子）。

精听训练技巧：

初听。仔细听教师诵读或录音机等播放的听力材料。初听前应该明确听的目标，如要求听懂全文每个词句还是全文大意。也要了解或计划好读、播的语言单位和次数。语言单位可以是句、段或全文，次数可以是一遍、两遍、三遍。要注意随着听力训练的进行要有计划地减少次数，有计划地提高读、播的语速。初听时还要初步了解所听语言材料的内容，以提高听的兴趣。

复听。弥补初听的遗漏、疏忽或错听。语言单位通常为全文。通常只诵读或播放一遍。

完成作业。有的听力材料还附带对所听内容的书面问答练习，可以在初听前或复听后逐步完成作业。

阅读书面材料。如果所听语言材料是精读课文，则事先尽量不要预习。如果所听语言材料是陌生的，则在听力训练过后一定要通过阅读书面材料来检查听解结果，订正听解中的错误。

校正和分析。修改完听解错误，对错误原因进行分析，找出造成误听的根源，如词汇不熟悉、语法理解错误、辨音错误等，针对听解能力的不足之处，有目的地加以训练。

（4）高语速的日语听解策略。快的语速往往引起音质的变化，因而使听者不易识别各种语音及其变体，特别是相似却有差异的语音，常给听者带来理解上的困难。此外，快的语速不利于听者进行联想，不易把上下内容联系起来，从而出现听解遗漏。而过慢的语速使语言不连续，中间有间隙，听者注意力容易分散，不能积极地、紧张地思考，不利于听者的准确理解。

（5）高语速日语听解训练技巧。注意力集中。高语速的表达往往是转瞬即逝的，所以要全神贯注地听。为了保证注意力集中，在听音过程中要手、口、脑等多种感官并用，做到积极主动地听。

经常练习。要常听正常语速的对话录音或广播、电视节目中主持人的播音。除了课堂听录音外，课后也要根据自己的听力情况，练习听解、朗读、听说以及默读。

预习或准备。预习或准备是指在听音之前了解话题以及与话题相关的词汇。听解熟悉的内容可以提前预习与所听内容有关的词汇、语法等，以提高听的兴趣和效果，在体验听解满足中逐渐提高听解能力。对于陌生内容可以通过初听、复听等手段逐步熟悉话题内容。

对听不懂的词汇或句子的处理。在听解过程中，如果遇到有些词、句听不懂的情况，决不能因为想着这些词、句而中断听解活动。根据交际情况，或者把这些词、句记录下来后继续往下听，或者忽略这些词、句，通过上下文、说话人的态度、动作表情等来推测这些词、句的意义。但是对于重要的内容，例如话题所涉及的时间、地点、主题等，如果一次没有听懂，条件允许时可以通过提问、复听等手段加以明确，以免影响对主要内容的理解和记忆。

（6）听记熟悉内容的训练策略．对熟悉内容的听解训练，往往容易因为对所听内容已经了解，在听的过程中忽视语意而重视语言表达，即关注词汇或语法，固然这是听解的关键，但是，听熟悉内容的目的是练习日语思维、听解记忆以及理解高语速、长句子的日语表达。

五、日语听力技巧

（1）所有的听力理解考试题目所涉及的问题无外乎是"时间、地点、人物、事件"这四个方面，所以平时在会话练习和听日语新闻、观看日本影视作品时，要一边听一边有意识地训练自己对何时、何地、谁、做什么这几个方面要素的归纳能力。

（2）要非常熟悉各种类型题目的提问方式，掌握了这些提问方式就可迅速判断是哪类问题，针对该类问题的特点来听题、解题，自然会达到好的效果。前面讲到的要抓住有效信息，关键要看是否能够听懂提问的内容，带着提问内容去听，自然会有的放矢了。

（3）听力能力的训练起始阶段，要像日语听力课一样，以精听、细听为主，先听梗概，然后逐句突破，尽量做到听写准确，意思明确，为日后的提高打下坚实的基础。

（4）在考前需要有计划地进行强化训练，结合自己掌握的词汇和语法点，先从最简单的听起，循序渐进，逐步提高。建议不妨先找些日语能力水平测试四级真题（难度低于专四听力）来听，然后是日语能力水平测试三级真题（难度稍微有所提高），最后再换听一些历年的专四真题。这样起点低一点，便于建立自信。对每一类问题进行归纳总结，对自己掌握不好的一类，集中训练这一类问题。但前提条件是每天坚持，不能等到临考前再突击。

（5）平时有意识地培养"筛选"信息的能力。平时我们在同他人交流时，一般都会留意自己想获得的信息内容，而其他不太相关的就给"筛选过滤"掉了。听力理解考试与这很相似，重要的不是听懂所说的全部内容或细节，只要弄明白问题的重点就可以了。所以，对应试者来说高效准确的信息判断筛选能力非常重要。

（6）在平时训练是要特别留心一些语气词的用法。要注意对话或者叙述的语境，判断说话人的主要态度和意图。生气、高兴、不满、同意还是拒绝等等。

（7）答题时可以采取排除法，一般从最不符合条件的选项开始排除，最后再将剩下的选项与自己听到的信息确认。如果一道题没答好，要果断做出决定，不能总是放心不下不断回想。听力理解测试时一瞬而逝，如果总在惦记前面没答好的题，就会影响到后面的内容了。

（8）在考试时可在试卷上做一些必要记录，有助于做出正确的选择。记录的内容可以是时间、地点、人名、数字等等，记录的文字只要自己能看懂就行，可以是日语也可是自己的母语，但要简明扼要，不能像做精听练习一样逐字逐句地记录在案。

（9）在平日的日语学习中，还要多补充一些基本的日本社会、历史、文化常识等背景知识。这可以有助于用"日式思维"来深刻理解听力表面内容后面的深层寓意。

六、日语听力考试的形式及对策

大学日语四级考试、研究生入学日语考试、国际日本语能力测试、出国留学人员日语资格考试等权威的日语水平考试都设有听力测试一项，那么常见的听力题型有看图片选择正确项；听小对话选择正确项；听小语段选择正确项；听短句或短文选择与短句、短文内容相一致的项；以及听写填空等形式。而各种考试的听力部分大都采用了两种题型。一个是听对话选择合适选项，一个是听小语段选择合适选项。以下就这两种题型详细进行介绍。

听对话选择正确项。这种题型是各种日语水平考试常常采用的一种题型，比如说国际日本语能力测试和大学日语四级考试。这种题型通常提供一段对话，可长可短，或者是在一男一女间进行，或者是多人的交谈。在这段对话里，提供了特定的信息，要求学生能正确理解对话的意思，根据提问，选择合适的选择项。

（一）听语段选择正确项

另外一种常用的听力考察形式便是听语段选择正确项。这种题型在大学日语四级考试、国际日本语能力测试、研究生入学日语考试和出国留学人员日语资格考试中均有出现。

即提供一段语言材料，通常为较难的对话或者演讲或者独白，要求学生根据设问从这个小语段中获取特定的信息，理解主旨要义，推测、判断说话者的意图、观点或态度等。如果说第一种题型——听对话选择正确项突出考察的是考生获取口头信息的能力，那么第二种题型考察的则是考生的日语实践能力，包括用日语思维、判断以及相当词汇量等诸多方面。

必须注意的是这种题型常常在对话中埋伏了大量的疑惑语言，使应试者感到困惑。并且常常在说话双方的一问一答中有所反复，应试者稍不留意便选择了对话里出现的混淆语言，而不是最终的正确解答。另外，有时往往播放出一个高级词汇作为设问点，学生对此要加以注意。

（二）其他听力测试形式

此外，还有看图片选择正确项和听写填空两种形式也是各种日语听力考试中常见的题型。看图片选择正确项被国际日本语能力测试采用。通常给出四幅图片或者含有四个选择项的一幅图片，要求考生根据所听到的内容从中选出正确项。目前，研究生入学日语考试和大学日语四级考试等均没有采用看图选择和听写填空这两种题型。

（三）听力题型的对策

各种日语考试听力部分的设问一般围绕"时间、地点、数量、人物、事件"展开。可以分为"数据型"和"含义型"两类。因此，下面将就设问点的一般类型介绍解答该题型的对策。

（1）数据型——时间。这一类题通常围绕时间设问，要求考生听出正确的时间点。因此，必须熟悉各种时间表达方式，各类表示时间的助数词。常见的问题诸如"图书馆几点开馆""约会时间定在几点钟"等等。

（2）数据型——地点。这一类题通常围绕地点设问，因此必须熟悉各种场所的表达方式，要求考生听出正确的位置点。各类表示地点的助数词以及各种方位概念、位置方向的常用表达。常见的问题诸如"书店位于哪个方位""约会地点定在何处"等等。

（3）数据型——数量。这是一种较为基本的设问形式，要求记忆相当的数量表达方式，有时会将若干个数量混合在一起，从中遴选出正确待选项。

（4）数据型——人物。这一类题通常围绕人物设问，要求考生听出正确的人物关系。常见的问题诸如"做某事情的人是谁""谁是要寻找的人"等等。

（5）数据型——事件。这一类题通常围绕事件设问，通常属于综合型话题，内容涉及方方面面。语段中经常反复，难度较高。常见的问题诸如"要达到某目标该怎么做""去目的地该怎么走"等等。

（6）含义型。这一类题通常围绕一个核心词句设问，考察考生在具体语境里理解特定语句的能力。这里的设问点往往是语义暧昧的惯用语，或者在具体语境里本义有所迁移的特定语句，因此这类话题大都有难度，需要有相当的日语思维能力。

第二节　口语教学及策略

一、日语口语技巧

在我国，日语学习者为数众多，日语学习的热情也为世界之罕见。然而，许多日语学习者由于受"证书型动机"的驱使，英语学习的效果总是事倍功半，不尽人意。

我国日语学习者经常为这样一个问题所困扰：虽然花了很多时间学日语，记住了一定量的单词和语法规则，甚至拿到了相当多的证书，为什么还是不能使用日语进行交际？出现这一问题的症结在于我们所掌握的语言知识大多只是停留在"表面知识"的层次上，没有进行足够的知识"消化"，使之转变为"内在知识"。

为什么大多数人认为学习日语："太困难了"。为什么学习日语这么头疼呢？答案只有一个："不得法。"世界公认"汉语难学，汉字难认"，可是我们的汉语说得是如此的流利。不管是学习日语还是其他任何语言与汉语一样都是一种语言，只要我们找到合适的学习方法，学会不再困难。

充分利用学习者的母语知识，先学习基础单词，然后配以分类单词，再结合句型练习，最终达到现学现用，灵活应用。此方法遵从语言学习的规律，注重语言的实际应用，学习者比学自己的母语更轻松、更快捷。

（一）什么是基础单词？什么是分类单词？

基础单词是指我们日常生活中常用到的词汇，如代词：你、我、他等；动词：买、吃、乘车等；形容词：温暖的、困难的、漂亮的等；名词：同事、朋友、休息等，这些都是在实践论证基础上筛选出来的，生活中随时要用到的词汇。分类单词是指具体的名词，覆盖面广，如：商品、机票、汽车等。这些单词划分了九大类，包括交通、住宿、餐饮、购物、娱乐、旅游、体育、外贸和简单的求医问药。这就为外语学习理清了思路，找到了方向。

（二）为什么是这样的一个思路呢？

无论做任何事都要有根基，外语学习也是一样的。

基础单词都是我们日常生活中频繁使用的，就如吃饭、睡觉一样，这些是必须得用的词汇，恰恰也是变化最多的，所以这是必须要掌握的。

（三）找到了什么方向呢？

所学为所用，即用的记，不用的不记。

具体名词往往变化很少，甚至于无变化。但这部分名词是无限多的，例如：商品名称就多的数不胜数，这还是生活中常用的，还有不常用的，如果全部记住，恐怕是电脑而非人脑。所以就要有方向、有分类、有目的、有需要地去记，将会大大减少单词量，即节省时间又减少负担。

理清了思路，找到了方向，外语学习自然变得轻松，想学什么都可办到，万变不离其宗。

二、日语口语能力的提高

日语思维简单地说就是用日语思考。思维的形式包括概念、判断、推理等，思维的过程有比较、分析、综合等。将思维的内容用语言表达出来有两种形式，其一是口语表达即会话，其二是笔语表达即写作。如果不能够形成用日语思维的习惯，在表达时过分依赖翻译的作用，即用母语思维，再翻译成日语，则会直接影响语言交流的速度和表达方式的准确性。因此，思维能力是关系是否能够迅速表达说话人思想的关键。思维能力训练主要采用两种方法，其一是对译起步，熟练为本；其二是从词汇表达到短句、整句表达。

关于词汇表达到短句、整句表达，初学日语，要培养一个时刻用日语表达的思维意识，见到、想到一些物品或动作，就要提示自己用日语发出该内容的语音，在独立思考问题时，也可以有意识地用已经学过的一些日语词汇去代替母语词汇或短句，为语段思维能力的形成奠定基础。在进行具体的日语思维能力训练时，可以采用很多的训练方式，如背说、看图说话、仿说、复述或转述、讨论或评论、口头作文等。阅读、写作的训练也对日语思维能力的形成有促进作用。

（1）背说训练。将背诵下来的文章再进行背说练习，对日语思维的训练来说很有意义。因为背诵时学习者的记忆表象或多或少地还停留在诸如教科书中本段文字的位置、文字的形状等方面，到了背说阶段，说话人的注意力就会完全集中到要表述内容的逻辑关系上。

（2）背说不仅是背诵的高度熟练，还是用作者的语言表达作者的思想的过程，因此，应注意体会文章原作者的感情。

①背诵与背说都要求说话人重视文章所表达的中心思想或主要观点。

②背说时要尽量保持语句的连贯性，不做不必要的中顿。

③背说时杜绝先用汉语想语意，再用日语想表达的思维方式，要直接用原文的语句来思考和表达，当回忆不起来时，可以参考提纲、关键词、图示等。若还是不能回忆起来，可以翻看原文。

（3）看图说话训练。表达的困难之一就是构思，没有内容的表达是难以训练思维的。看图说话训练技巧：

①事先准备。初级阶段的看图说话，由于学习者的语言材料较为贫乏，可以事先查找一些相关的词汇，例如教室的介绍，就要准备"教师、学生、书桌、椅子、黑板、门、窗、地图、粉笔、电灯、墙壁"等名词，还需要准备"左右、上下、前后、旁边、邻近"等位置名词，最后还要准备表示有无、存在与否的句型。

②反复练习。对于一个图画的表述，每一次可能在语言顺序、中心语、表达的重点上都有差异。可能初次的会话是以黑板为中心位置表达，门、窗、地图等都在黑板的左边或右边等，第二次可能就是以桌椅为中心位置，第三次就是以教师或学生为中心位置，这样，每次相同或不同的表达训练，既可以提高对词汇与语法的熟练程度，又有利于日语思维习惯的形成。

（4）仿说训练。边看日语录像或边听日语录音，边仿说，有利于提高说话人的言语听解能力、记忆能力和日语思维能力。仿说训练技巧：

①跟上思路重于跟上发音。在仿说时说话人不仅需要重复音节，更重要的是跟上录音或录像中说话人的思路，由于语言从听到说的传递过程与思维到会话的过程相比，有传递速度上的差异。可能个别词句的仿说不完整，只要不影响仿说者跟上说话者的思路，仿说就可以继续下去，可以认为是有效的仿说。

②逐渐提高仿说的完整度。仿说是在听的基础上的说，因此与听的能力密切相关，只有不断提高听的能力，仿说的水平才会不断提高。开始训练仿说时可以采取边看文章边听、边仿说的方式练习，以后逐步过渡到参考提纲—参考提示词—只听音仿说。通过训练，仿说的完整性会逐步提高。

③仿说还要模仿示范读的态度、表情等。仿说训练的另一个作用是在跟随说话人思路的同时，训练日语语感。通过对录音或录像中说话人的语气、语音、语调的模仿，或通过录像画面观察，体会说话人的态度、表情以及肢体语言，来感受日语语言中的省略、寓意等，从而形成对日语的感性认识，达到训练语感的目的。

（5）复述或转述训练。复述或转述通常是指对已经读过或学过的文章，按照提纲、问题、关键词、人称、人物关系等进行口语复述。因为对于要表述的内容从逻辑到语言点说话人已经做好准备，只是再用日语表达出来，这样的练习，学习者通常会考虑"用日语如何组织语言或表达方式是什么"等问题，注意力就会从翻译过渡到直接用日语思考。

复述或转述训练技巧：

①精练语言。精练复述的语言，以减少用日语思维时语言材料选择的困难。尽量用文章中的中心词或中心语句进行复述，以减少思维过程中语言的障碍。

②提高语速。要注意提高复述的速度，以训练思维的灵敏性。提高语速的练习也可以通过朗读训练来进行。

③理清逻辑。理清要复述的内容之间的逻辑关系、层次，以训练思维的条理性。

④按照提纲复述或转述。可以将文章分成若干段，逐段拟出小标题，参考教师的复述或转述示范，然后进行转述或复述的模仿。

⑤按关键词复述或转述。即写下关键词，然后将其组织成段进行转述或复述。

⑥改换人称复述或转述。改变文章中的人称，如把第一人称转变成第三人称，或者把直接引语转变成间接引语、把间接引语转变成直接引语等，用不同的人物关系叙述事件的经过或情节。

三、常见日语口语

こんばんは .ko n ba n wa.
晚上好。
おはようございます .o ha yo u go za i ma su.
早上好。

お休（やす）みなさい .o ya su mi na sai.

晚安。

お疲（つか）れさま .o tsu ka re sa ma.

辛苦了。（用于下级对上级和平级间）

どうぞ远虑（えんりょ）なく .do u zo e n ryo na ku.

请别客气。

おひさしぶりです .o hi sa shi bu ri de su.

しばらくですね .shi ba ra ku de su ne.

好久不见了。

きれい .ki re i.

好漂亮啊。（可用于建筑、装饰品、首饰、画、女性的相貌等等 , 范围很广）

ただいま .ta da i ma.

我回来了。（日本人回家到家门口说的话）

おかえり .o ka e ri.

您回来啦。（家里人对回家的人的应答）

いよいよぼくの本番（ほんばん）だ .i yo i yo bo ku no ho n ba n da.

总算到我正式出场了。（男性用语）

关系（かんけい）ないでしょう .ka n ke i na i de shou

这和你没关系吧 ?（对八卦的人常用的一句话）

电话番号（でんわばんごう）を教えてください .de n wa ba n go u o o shi e te ku da sa i.

请告诉我您的电话号码。

日 本 语（にほんご）は む ず か し い こ と ば が は な せ ま せ ん が , や さ し い こ と ば が な ん と か は な せ ま す . ni ho n go wa mu zu ka shi i ko to ba ga ha na se ma se n ga ya sa shi i ko to ba ga na n to ka ha sa se ma su.

日语难的说不上来，简单的还能对付几句 .

たいへん !ta i he n.

不得了啦。

おじゃまします .o ja ma shi ma su.

打搅了。（到别人的处所时进门时说的话）

おじゃましました .o ja ma shi ma shi ta.

打搅了，离开别人的处所时讲的话。

はじめまして .ha ji me ma shi te ,

初次见面请多关照。

どうぞよろしくおねがいします .do u zo yo ro shi ku o ne ga i shi ma su.

请多关照。

いままでおせわになにました .i ma ma de o se wa ni na ni ma shi ta.

いままでありがとうございます . i ma ma de a ri ga to u go za i ma su.

多谢您长久以来的关照。(要离开某地或跳槽时对身边的人说的话。)

お待たせいたしました . o ma ta se i shi ma shi ta.

让您久等了。

別（べつ）に .be tsu ni.

没什么，当别人问你发生了什么事时你的回答。

冗谈（じょうだん）を言わないでください .

jou da n o i wa na i de ku da sa i.

请别开玩笑。

おねがいします .o be ga i shi ma su.

拜托了。(如果是跪着时说这句话，那意思就是 "求求您了")

そのとおりです . so no to ri de su.

说的对。

なるほど .na ru ho do.

原来如此啊。

どうしようかな do u shi yo u ka na.

どうすればいい do u su re ba i i.

我该怎么办啊？

お元気（げんき）ですか . o ge n ki de su ka.

您还好吧, 相当于英语的 "How are you", 一种打招呼的方式。

いくらですか . i ku ra de su ka

多少钱？

すみません . su mi ma se n

不好意思，麻烦你…, 相当于英语的 "Excuse me", 用于向别人开口时。

ごめんなさい . go me n na sa i

对不起。

どういうことですか . do u i u ko to de su ka.

什么意思呢？

山田さんは中国語（ちゅうごくご）が上手（じょうず）ですね .ya ma da sa n wa chu

u go ku go ga jyo u zu te su ne.

まだまだです . ma da ma da de su.

没什么，没什么。(自谦)

どうしたの . do u shi ta no.

どうしたんですか . do u shi ta n de su ka.

发生了什么事啊,

なんでもない . na n de mo na i

没什么事。

ちょっと待ってください . cho tto ma tte ku da sa i.

请稍等一下。

约束（やくそく）します . ya ku so ku shi ma su.

就这么说定了。

これでいいですか . ko re te i i de su ka.

这样可以吗？

けっこうです . ke kko u de su.

もういいです . mo u i i de su.

不用了。

どうして . do u shi te.

なぜ na ze.

为什么啊？

いただきます i ta da ki ma su.

那我开动了。(吃饭动筷子前)

ごちそうさまでした . go chi so u ma de shi ta.

我吃饱了。(吃完后)

ありがとうございます . a ri ga to go za i ma su.

谢谢。

どういたしまして . do u i ta shi ma shi te.

别客气。

本当（ほんとう）ですか . ho n to u de su ka.

うれしい . u le si i.

我好高兴。(女性用语)

よし . いくぞ . yo si i ku zo.

好！出发（行动）。(男性用语)

いってきます . i tu te ki ma su.

我走了。(离开某地对别人说的话)

いってらしゃい . i tu te la si ya i.

您好走。(对要离开的人说的话)

いらしゃいませ . i la si ya i ma se.

欢迎光临。

また，どうぞお越（こ）しください . ma ta do u zo o ko si ku da sa i.

欢迎下次光临。

じゃ，またね . zi ya ma ta ne.

では，また . de wa ma ta.

再见（比较通用的用法）

信（しん）じられない . shi n ji ra re na i.

真令人难以相信。

どうも . do u mo.

该词意思模糊，有"多谢，不好意思，对不起"等多种意思，可以说是个万能词。

あ，そうだ . a so u da.

啊，对了，表示突然想起另一个话题或事情。（男性用语居多）

えへ？e he.

表示轻微惊讶的感叹语。

うん，いいわよ . u n i i wa yo.

恩，好的。（女性用语，心跳回忆中藤崎答应约会邀请时说的。）

ううん，そうじゃない . u u n so u ja na i.

不，不是那样的。（女性用语）

がんばってください . ga n ba te ku da sa i.

请加油。（日本人临别时多用此语）

ご苦労（くろう）さま . go ku ro u sa ma.

辛苦了。（用于上级对下级）

四、口语教学

口语也是外语学习的四项基本技能之一，通常称为"说"。口语是一种积极的言语活动，是不经分析和翻译，迅速地用外语表达思想的一种技能。它不是简单地重复已经学习过的语言材料，而是创造性地组织已经学过的语言材料表达自己思想的一种方式。

口语能力是一种复用式言语能力，要求说话人不仅要以语言能力为基础，还要以领会式言语能力为基础。与听解能力中包含快速理解能力要素一样，口语也需要具备快速表达自己思想的能力。

说话的效率包括构思和表达两大要素。学会用日语说话，特别是要提高日语口语能力，必须以阅读和听解能力为基础，要从阅读和听解中吸收"养料"。

从信息传递角度来看，"说"是主动的过程，"说"的过程是外显的，说些什么，说得好坏，对方很清楚，不难评价。从语言表现形式来看，"说"是表达、输出的过程。通常认为，在言语交际中听与说在口语中紧密联系，不可分割。"听"是"说"的基础，能听懂才能说出。

"说"的技能对"听"的技能的提高也具有很大的帮助，能流利地说出的内容一定是能听懂的。听与说的技能都是一种运动——感知技能。从语言的交际功能考虑，口语还是一种交际技能。"听"与"说"的教学必须发展这些技能。

"说"的这种言语活动能力可以从两个方面获得：一是言语习得；二是语言的学习。言语习得实际上也是一种学习，但却是一种无意识的学习。语言习得就是不经过听课而学会语言，即在自然的语言交际情景中通过使用语言发展语言能力。

言语习得的结果，是获得一般不通过记忆语言规则但却能判断正确与否的感觉，这就是语感。语言学习是理解知识、自觉了解语法知识，是一种自觉的活动。语言习得有助于培养说外语的能力，语言学习有助于培养监控能力。

通过语言习得启动外语句子，通过语言学习能够得到在思考后进行校正和改错的能力。因为在自然的讲话过程中，说话人没有时间对所说话语的正确性、语法规则进行检查，而是更关注所讲的内容。另外，过多的口语监控会产生停顿、犹豫和话语的不连贯。因此语言的习得对外语能力中"说"的能力的形成至关重要。

过去我们的外语教学重视语言学习超过重视语言习得，现代学习心理的发展为外语"说"的能力形成提供了理论依据。但是在重视语言习得的同时，也不能完全抹杀语言学习对"说"的能力形成所起的作用，既要重视语言的习得又要重视语言的学习。根据口语的心理特点，我们把口语能力概括为：自如地、创造性地运用已经学习过的语言材料表达思想的能力；注意力集中在口语的内容上而不是语言的表达形式的能力上；具备敏捷的思考和快速运用语言的能力；口语过程中的日语思维能力（或排除翻译的能力）；应对无主题对白的语言交际能力等等。

五、日语口语教学要点

（1）自信地开口说日语。很多日语学习者都因为担心发音、语流语调不好，担心说错话被人笑话等而羞于开口，导致会写不会说、会看不会说的情况时有发生。因此要提高学生开口说日语的自信，是口语教学首先要解决的问题。

（2）排除母语翻译。许多学习者用日语表达时都是先把要说的话在头脑中用母语考虑一遍，然后再译成日语，造成语言表达不流畅，会话时语速很慢，有时还会使用一些不符合日语表达习惯的语句，出现"汉语式日语"的表达错误，导致交际困难。

（3）提高语速和表达流畅度。语速慢、表达不流畅的原因之一是会话时多用母语思维，用日语表达时依赖翻译，另一个原因是平时在朗读或听音训练中缺乏提高语速的练习，口腔等发音器官的肌肉运动不协调。此外，在练习用日语思维时开始也会出现语速慢、表达内容的逻辑性不强、表达不流畅的情况。

在讨论特别是应对无主题谈话时，思维转换缓慢，不能自如切换谈话的话题，出现思维断档空白，与话题相关的词汇等不能迅速回忆起来，造成交际困难。

（4）既关注语言表达形式，又重视表达的内容。在会话过程中，因为过于重视词汇、语法或语音语调等语言的表达形式，而忽视想要表达内容的逻辑性，导致语言的逻辑、语句与语句之间的内在联系欠缺，所说的语句都是孤立的句子，听起来生硬，难以让听话人把握话题宗旨。

（5）在有声状态下表达时提高思维能力。有研究表明，随着默读习惯的形成，出声说话往往会影响人的思维能力。成年人与儿童不同之处就是大多已经形成默读的习惯，默读时能够进行判断、推理等思维活动，出声说话时思维能力就下降。而会话需要有声状态下的思维，所以恢复有声状态下的思维能力也是成年人学习外语的一个难题。

（三）日语口语中思维能力的培养策略

提高日语的表达能力首先要以丰富和熟练的语言知识为基础，并辅助以交际中能起辅助作用的非语言手段，达到交际目的。

日语思维简单地说就是用日语思考。思维的形式包括概念、判断、推理等，思维的过程有比较、分析、综合等。将思维的内容用语言表达出来有两种形式:其一是口语表达——会话；其二是笔语表达——写作。

日语教学关于学生思维能力的培养从初级教学阶段就应该有计划地训练。初级阶段学习者所掌握的词汇、语法以及语言表达方式等语言材料数量有限，学习者难以形成完整的日语思维，通常还是以翻译的形式训练用日语表达的技能。

1. 背说训练

将背诵下来的文章再进行背说练习，对日语思维的训练来说很有意义。因为背诵时，学习者的记忆表象或多或少地还停留在诸如教科书中本段文字的位置、文字的形状等方面，到了背说阶段，说话人的注意力将会完全集中到要表述的内容的逻辑关系上。

（1）背说不仅是背诵的高度熟练，还是说话者用自我语言表达原作思想的过程，因此，要注意体会文章原作者的感受、感情。

（2）背诵与背说都要求说话人重视文章所表达的中心思想、主要观点。

（3）背说时要尽量保持语句的连贯性，不做不必要的停顿。

（4）背说时杜绝"先用汉语想语意，再用日语想表达"的思维方式，要直接用原文的语句来思考和表达，当回忆不起来时，可以参考提纲、关键词、图示等。若还是不能回忆起来，可以翻看原文。

2. 看图说话

表达的困难一个是语言材料，另一个就是构思，没有内容的表达是难以训练思维的。所以，通过看图说话来练习日语思维是一个好方法。

（1）事先准备。初级阶段的看图说话，由于学习者的语言材料较为贫乏，可以事先查找一些相关的词汇。例如，介绍教室，就要准备"教师、学生、书桌、椅子、黑板、门、窗、地图、粉笔、电灯、墙壁"等物体名词，还需要准备"左右、上下、前后、旁边、邻近"等位置名词，最后还要准备表示有无、存在、与否的句型。

（2）反复练习。对于一个图画的表述，可能每一次在语言顺序、中心语、表达的重点上都有差异。例如，初次的会话是以黑板为中心位置表达，门、窗、地图等都在黑板的左边或右边，第二次是以桌椅为中心位置，第三次是以教师或学生为中心位置。这样，每次相同或不同的表达训练，既提高了对词汇与语法的熟练程度，又有利于日语思维习惯的形成。

3. 仿说训练

边看日语录像或边听日语录音边仿说，有利于提高说话人语言听解能力、记忆能力和日语思维能力。

（1）跟上思路重于跟上发音。在仿说时说话人不仅需要重复音节，更重要的是要跟上录音或录像中说话人的思路。语言从听到说的传递过程与从思维到会话的过程相比，有传递速度上的差异。可能个别词句的仿说不完整，只要不影响到仿说者跟上说话者的思路，仿说就可以持续下去，可以认为是有效的仿说。

（2）逐渐提高仿说的完整度。仿说是在"听"的基础上的"说"，因此与"听"的能力密切相关。只有不断地提高"听"的能力，仿说的水平才会不断提高。开始训练仿说时可以采取边看文章边听、边仿说的方式练习，以后逐步过渡到参考提纲、参考提示词、只听音仿说。通过训练，仿说的完整性会逐步提高。

（3）仿说要模仿示范读者的态度、表情等。仿说训练的另一个作用是在跟随说话人思路的同时，能训练日语语感。通过对录音或录像中说话人的语气、语音、语调的模仿，甚至通过录像画面观察、体会说话人的态度、表情以及肢体语言，来感受日语语言中的省略、寓意等，从而形成对日语的感性认识，达到训练语感的目的。

4. 复述或转述训练

复述或转述通常是指对已经读过或学习过的文章，按照提纲、问题、关键词、人称、人物关系等进行口语复述。因为对于要表述的内容从逻辑到语言点，说话人已经做好准备，只是再用日语表达出来，这样的练习，学习者通常会考虑到用日语如何组织语言或表达方式是什么等，注意力就会从翻译过渡到直接用日语思考，因此复述也是训练日语思维的一个好方法。

（1）精练语言。精练复述的语言，以减少日语思维时语言材料选择的困难。尽量用文章中的中心词或中心语句来复述，减少思维过程中的语言障碍。

（2）提高语速。要注意提高复述的速度，以训练思维的敏捷性。提高语速的练习也可以通过朗读训练来进行。

（3）理清逻辑。理清要复述的内容之间的逻辑关系、层次，以训练思维的条理性。

（4）按照提纲复述或转述。可以将文章分成若干段，逐段拟出小标题，参考教师的复述或转述示范，然后模仿转述或复述。

（5）按关键词复述或转述。将关键词写下，然后将关键词组织成一段话进行转述或复述。

（6）改换人称复述或转述。采用改变课文或文章中的人称，如把第一人称转成第三人称，或者把直接引语转成间接引语、把间接引语转成直接引语等方式，掌握用不同的人物关系叙述事件经过或情节的能力。

第三节　阅读教学及策略

一、阅读教学的性质

阅读教学，就是指导学生学习课文，进行阅读综合训练，培养阅读能力的教学，阅读教学的中心是引导学生读懂课文和指导学生会读课文。在中小学语文教学中，阅读教学所占的课时数最多，教学内容最丰富，师生投入的精力也最甚，是语文教学中最为重要的部分。应该说，积累性、理解性、发展性和创造性，是中小学阅读教学的基本性质。

积累性阅读，是以积累大量的感性语言材料和各种知识为目的的阅读。在阅读教学中，积累性阅读是形成以语感为中心的较为高级的阅读能力的重要基础，其最基本的特征是特别强调熟读和背诵。董遇说："书读百遍而义自见"；苏轼说："读书万卷始通神"；朱熹说："读者观书，先须读得正文，记得注解，成诵精熟"。中国古代的阅读教学，历来十分重视积累性阅读。通过熟读和背诵，既进行了字词句篇等语言材料和语言表达形式的积累，又进行了文章所包含的思想方面的积累。中小学的阅读教学，应该突出有选择、有意识的积累性阅读。入选课文，应力求文质兼美，像莎士比亚的戏剧、高尔基的小说、唐宋名家的散文、鲁迅的小说和杂文等。学生如果能熟读而成诵，就能积累大量丰富而典范的词汇、生动鲜明的表达方式，久而久之，就会形成出色的理解能力与鉴赏能力，从而完成阅读教学的任务。在阅读教学中，片面强调"讲深讲透"，认为熟读背诵"费时费力"是无视阅读教学是积累性阅读这一基本性质的表现。

二、阅读教学的意义

阅读教学是语文教学的重要组成部分。阅读教学是成功的，那么，就会在根本上推动和改善语文教学。在小学低年级，语文教学的主要内容是识字。研究表明，提供一个具体的语言环境，让个别的词语与其他词语构成一种有机联系，比机械的、单个的词语教学效果要好。同样一个词，在不同的语义情景中出现，就会使学生从不同的方面加深对词语的理解。国内有学者曾专事于人脑中词汇检索系统的研究，认为词汇在人脑中是分类储存的；词在人脑中是选择性地与其他词组成一个系统或网络，正常人在通常情况下这个词的网络是按词义的近似性或词的搭配关系而浮现出来的，这就是词的语义网络。阅读教学，根据不同年龄层次的学生，组织阅读深浅、长短不一的课文，那么，就为词的语义网络的建立提供了一个强有力的外部刺激。学生写作文，需要生活的积累、思想的提炼以及必要的语言修养，而阅读教学恰恰能在这样两个方面提供丰富的滋养。古人所谓"劳于读书，逸于作文"，"读书破万卷，下笔如有神"，都可谓是经验之见。在教学中，有些教师根据阅读单元来组织作文教程，用仿写、改写、续写、缩写等方式来开展作文训练，使作文教学与阅读教学有机地结合起来，相互促进，从而收到事半功倍之效。可见，阅读教学对于语文教学来说，意义重大。

就阅读教学本身而言，也具有非常重要的意义。国外教育家通常是用教育价值、训练价值、文化价值这三种价值标准来衡量中小学的各种课程，阅读教学就兼有这样三个方面的价值。阅读教材主要选取古今中外优秀的作品，具有很强的思想性、科学性和艺术性，这样，阅读教学过程就是一个受感染、受影响、受教育的过程，它有助于陶冶学生的情操，感化学生的心灵，改善并健全学生的情感、意志和性格等心理品质，给学生以美的熏陶。阅读教学的训练价值表现为它能使学生经过科学的系统的训练，掌握必要的阅读技能，养成良好的阅读能力和阅读习惯。苏联著名教育家苏霍姆林斯基把阅读技能称作是"掌握知识的技能"，认为现代人类学习知识的基本途径和主要手段，就是人的阅读能力，而这主要依赖于中小学语文课程中的阅读教学的训练和培养。阅读教学的训练价值还表现为，阅读技能的训练过程对学生思维能力的发展和思维品质的改善具有重大的促进作用。发展智力，主要是指发展学生的思维能力，思维活动总要借助于内部或外部的言语活动，阅读教学的主要媒体便是人类的言语现象，所以也就必然是一个思维训练的过程。国外有人把阅读能力低劣称为"智力上的口齿不清"，可见两者的关系密切。阅读教学的文化价值表现为通过课内外的广泛阅读，可以提供丰富的知识并激发学生强烈的求知欲望。阅读是人们获得间接经验的最重要的手段之一，由书面语言组成的阅读材料能不受时间和空间的限制，使人纵览古今，坐观中外。同时，由于阅读教材本身的题材就很广泛，所以能提供丰富的知识养分。

未来世界是一个信息世界，知识更新的周期将不断加快，所以，阅读能力将是一个未来的人才所不可或缺的能力，否则就无法接受新的知识，迎接新的挑战，创造新的世界。联合国科教文组织的一份文件中，把识字而不善阅读的人称为"功能性文盲"，阅读教学就是以给"功能性文盲"扫盲为己任的教学，所以，在走向现代化的征途中，阅读教学就更显示出其重要的意义了。

三、日语阅读的心理过程

阅读是读者通过文字符号，再现作者借助文字符号所提供的信息的交际活动，是读者运用记忆中的知识和经验理解文字符号所传递的信息的过程，这一过程可以分为感知语言材料和理解书面材料两个主要阶段，这两个阶段紧密相连，阶段间的过渡瞬间即可完成。

（一）感知阶段

感知阶段也称符号辨认。阅读过程从视觉器官接收文字符号开始。文字符号作用于读者的感觉器官，从而引起更多的感觉。但是，这些视、感觉本身还不是阅读。因为看到构成一个个单词的一组组假名符号还不等于感知这些单词，还必须在假名与声音之间建立起联系（对于初学者来说通常为低声诵读），使视觉伴随听觉和动觉，并与单词所代表的概念在大脑皮层中留下的痕迹相连接，迅速形成单词的音、形、义的联系，从而达到对单词的感知（对单词的一般理解）。要感知单词，必须有熟练的编码和解码能力，并有足够的单词储备。

初学阅读的学习者应掌握笔语的区别性特征和简明词汇的一般排列形式。与熟练的阅读者相比，初学者由于不能充分利用句法语意等非视觉信息来源，而更多地依赖视觉信息，根据语言的表层结构和假名、汉字的视觉排列来归纳意义，就造成了只重辨认单词和发音、忽视对篇章的理解的机械阅读。阅读者对于语言符号的不同处理方式直接影响阅读理解率和阅读速度。

（二）理解阶段

感知完成后，阅读进入第二个阶段——理解阶段，又称译码阶段。这个阶段有两种情况：①对意义或结构不难的句子通过识别达到理解；②对意义或结构较难的句子通过推测、判断或推理达到理解。

识别是指对有形语言要素的感知。但是阅读过程的第二阶段的识别是指对语法形态和词汇、语法关系的识别。因为感知语言只依赖词汇是不够的，必须借助语法知识才能确切理解句子的内容。

判断和推理是一种智力活动，是指按语境进行积极思考和分析，从而达到确切理解，包括对词汇在句子中的意义、句子结构、无语言表示的内容等的理解和领悟。在阅读实践中常有这样的情况，句子中的词汇、语法关系都明白，就是不懂全句要表达的确切意义，这时，就要根据语境进行推测。

感知阶段和理解阶段的衔接时间很短，因此，高效能的阅读要求读者快速理解、排除心译。因此，多掌握语言材料，阅读时注意集中于阅读的内容而不是语言表达形式以及阅读目的明确，就成了高效能阅读的前提条件。

在阅读理解过程中，固有知识在理解由一个个语句构成的文章的整体含义中发挥着重要的作用。这不仅表现在通过对文章主题的理解推导生词意义，还包括固有的经验在理解话语意义时发挥的作用。当我们可以能动地理解文章时会发现，活用既有知识对文章进行预测或推理，所得出的结论有时与文章事实不符，那么，可以对文章的逻辑性进行质疑，也可以斟酌既有知识的整体性和一贯性，从而对理解状态进行评价或修正（这也称作理解监督机能）。监督机能的高低随着人的年龄的增长和对语言学习的熟练程度的提高而具有个性差异，监督机能发挥程度也直接影响阅读理解程度。固有知识和经验不仅在阅读理解中，在听解中也发挥着重要作用。

四、日语阅读能力培养策略

1. 四环节阅读策略

四环节阅读策略就是通过由点到面的综合概括，逐步缩小记忆范围，利用较短的时间掌握全部阅读内容的阅读方法。它比较适合学习新的知识，特别是适合需要记忆的学习材料的阅读。四环节阅读策略包括精读材料、编写提纲、尝试背诵和有效强化四个步骤。

（1）精读材料。精读材料就是对所要学习的内容，抓中心、细心阅读，根据材料的不同类型、不同分量，掌握其要点、重点和难点，理解知识间的必然联系，在大脑中形成一个知识的网络。

①重视日语中的接续词、指示代词的应用，以准确把握日语句与句、语段与语段、上下文之间的关系。

②对陌生词汇、语法现象等要通过查找资料弄清楚，以免误解语义。

③对学生不熟悉领域的文章，事先布置阅读相关的母语资料，以帮助阅读理解的顺利实现。

④应用画线策略、提取中心词策略等，找出文章中的核心词、语句，从而在把握文章的中心意义的前提下通篇阅读。

（2）编写提纲。编写提纲，即在理解所学内容的基础上细致地筛选、概括、总结、组织，然后根据材料的性质，用自己的语言，简明扼要地编写提纲，如每篇划分为几个部分，每个部分划分为几个段落，每一段概括为一句话等，从而使文章核心清晰直观地展现出来。编写提纲是提高阅读者智力活动的积极有效的方法。层次分明、逻辑性强的提纲便于记忆和保持，有利于再现材料的"意义依据"。

在对日语文章进行编写提纲时，可以采用"六个 W"提问策略，即 When（何时）、Where（何地）、What（什么）、Who（谁）、Why（为什么）、How（如何），同时注意：

①找出各种有关时间的数字信息。

②所读材料的主要内容是什么，选择某个疑问的正确回答。

③作者想要说明的问题是什么，概括主人公从事某种活动的主要理由。

④了解作者的态度并确定自己是否同意作者的观点。

⑤对某事件做出归纳和解释。

日语文章中材料的标题，或者每段的第一句和最后一句很重要，关注这部分内容，有助于抓住文章大意。阅读能力提高中的编写提纲的技巧与写作能力提高中的提纲编写技巧有异曲同工之妙，可以互为借鉴。

（3）尝试背诵。尝试背诵就是对所写的提纲，按照顺序反复试着回忆，遇到不会和不清楚的地方再翻书本对照，进行反馈，然后针对薄弱环节进行二次反馈。这一过程是对阅读材料进行内化的过程。阅读理解阶段的背诵不同于全文记忆，关键是要抓住文章的脉络、主题。这有利于对全篇文章的理解。特别是阅读长篇小说或科普文章时，对提纲的记忆，能够让读者长时间地保存对文章的记忆。

（4）有效强化。有效强化就是用最短的语言，抓住概念的内涵、实质和阅读材料的核心内容，再对提纲进行压缩，使之成为简纲，即把每一句压缩为关键的几个字。然后针对简纲进行强化回忆，以求在头脑中留下长久的印象。

2. 提高阅读速度策略

人们在阅读速度上存在很大的差异，特别是外语的阅读速度，直接受读者对所读语言材料在语言学、文章内容等方面熟练程度的制约，快慢之分显著。

但是需要明确的是，阅读的根本目的是理解，阅读速度应该是理解的速度，理解是最重要的，一味地加快速度而不理解是没有意义的。提高阅读速度就是提高理解速度，因此，提高阅读速度首先要找出阅读速度慢的原因。

通常造成阅读速度慢的原因有：

（1）阅读时不专心，如阅读的同时听别人讲话或听广播、音乐等。

（2）掌握的日语词汇量不够。

（3）不会根据不同的材料和自己的阅读目的来调整阅读速度。

（4）已经养成慢吞吞阅读的习惯，思维不能很好地紧张起来、活跃起来。

（5）阅读时总是不知不觉地读出声音来。

（6）在提高自己阅读速度的训练中过分依赖加快眼球运动，以达到提速的目的。

从上述分析中可知，语言基础、文章背景等因素导致的阅读速度慢，可以通过事先查找资料等方式进行精读训练，而由阅读习惯等导致的影响阅读速度的问题，必须采取相应的措施加以克服。

（1）定时训练。有必要每天都安排一定的时间来阅读。至少要持续进行三四个星期，每天阅读 20~30 分钟，最好找一段不被干扰的时间，如清早起床后或晚上睡觉前。

（2）视读习惯。因为在阅读过程中，默读的速度高于低诵和诵读。要提高阅读速度，必须养成默读的习惯，使视觉与听觉、动觉联系、感知与识别，迅速推测协同作用，以提高阅读速度。通常外语教学提倡高声诵读，以提高声音对大脑皮层的刺激作用。这与默读似乎是矛盾的，但是经过训练，诵读与默读的能力都能具备。

（3）视幅训练。初学外语者一般视幅不宽，阅读时视线往往逐词停留。而心理学实验表明，一般人的视幅达 4~6 厘米，即覆盖 20 个左右的假名或汉字，阅读 4~6 个单词。因此，一般人的阅读速度每分钟为 250~300 个词。但是初学者的阅读速度每分钟只有 50~60 词，因此通过扩大视幅来提高阅读速度，很有潜力。

（4）阅读单位。初学者往往逐词阅读，逐词理解，从捕捉信息的角度来说浪费很长时间。因为每个词都传递信息，也并非每个词都单独传递信息，所以为了提高阅读速度，必须逐步扩大阅读单位，从词的单位逐步扩大到以语义、意群、句子为单位。

（5）关键词句。缺乏阅读技巧的阅读者，容易在每个阅读单位上平均使用注意力，平均使用时间。而事实上每个阅读单位的信息负荷量并不相等，交际作用并不相同。以词汇来说，有的词汇只是一种结构符号，而有的词汇信息负荷量大，是句意最集中的地方，是全句的关键词。

以意群来说，日语的谓语放在句子的末尾，其交际作用大于主语，因为主语传递已知信息，谓语传递未知信息。以句、段来说，交际作用也有差别。因此，把注意力集中在关键词句，或者说信息负荷量集中、交际作用大的词句上，能明显提高阅读速度。

3. 阅读理解能力提高策略

分析性阅读与综合性阅读都需要充分理解语言材料。影响综合性阅读能力形成的因素有很多，如读者的智力水平、生理条件、兴趣和性格、社会经济文化背景、日语语言的基础等。在阅读过程中，读者的主观努力固然是决定阅读效果的主要因素，但是通过有效的阅读训练，可以挖掘潜力，有步骤、有程序地培养适合自己的阅读习惯，以提高阅读能力。

（1）精选阅读材料。精选阅读材料，是指对学习者来说供综合性阅读使用的材料，应该是比较容易理解和接受的，否则就需要经过翻译语句来理解文章的意义，失去训练日语思维的机会。

如果阅读材料中生词过多，难免不停地查字典；句子结构过分复杂，每句都要反复推敲，也会使读者失去阅读的兴趣。因此综合性阅读的材料要以熟悉的词汇和语法结构为基础，即使是有少量的生词也应该是可以推测其意义的。

（2）阅读准备。读一本书要从序、目录读起。许多学习者拿起一本书就读，不分章节或顺序，或者只看每一章的内容，导致对书或文章的理解是一个个知识的碎片，没有形成知识结构或框架。

一本书或一篇文章的序言是作者就写作特点、写作背景、写作目的等的归纳，如果是他人作序，还包括他人对本作品的认识和评价，这都是我们有效理解文章的有价值的参考内容。

目录是作品的框架结构，尤其是科学性、理论性强的作品，我们可以通过阅读目录来掌握作品的理论框架，使以后的阅读就不再是读一个个知识的碎片，而是建立起框架清晰、内容丰满的知识体系。

阅读准备还包括对所阅读作品的历史背景、作家、作品分析等内容的资料查找和阅读。这会为我们有效理解作品提供帮助。

（3）提高阅读兴趣。学习者对所阅读的材料感兴趣是提高阅读理解水平的钥匙。通过选择阅读材料、明确阅读目的和任务、规定阅读时间等各种阅读学习的监控，达到乐于阅读，从被动读到主动读，提高阅读的积极性。

（4）多种形式的阅读。阅读过程中通常为默读。默读是理解语言材料的最有效的方法，其成效超过朗读。但是默读时间的长短要有效监控，时间过长，有些学生的自制力不够，就会在阅读过程中停顿或注意力分散。因此，可以通过预先设问、读后回答或发表阅读感受、小组讨论等方式，将阅读目标具体化，设计一个明确的阅读目的。或者将一篇较长的文章分成几个部分，大部分要求默读，小部分要求诵读，通过阅读形式的变化提高阅读兴趣。

（5）工具书的使用。工具书的使用要依据阅读的目的和阅读内容来确定。通常在精读作品时多用工具书，泛读时较少使用。如果泛读中出现了与文章宗旨和主题密切相关的生词或语法项目，再查找工具书。反之，对于可以通过文章的脉络猜测出大概意义的词汇就不必逐一查找，以免影响对文章的整体理解和日语思维的训练。通常工具书是指辞典。当日语学习到一定程度时，就要开始有计划地学习使用日语原文工具书。这一方面可以使我们提高日语词汇的使用频率，提高阅读理解能力，另一方面也有助于我们准确理解日语词汇概念。

工具书的选择也要有一个由浅入深的过程。有条件的学习者开始可以选择各种版本的日汉或汉日辞典，然后可以使用原版的《小学馆国语辞典》等，随着语言学习程度的提高，可以选用《新明解国语辞典》《广辞苑》等原版工具书。在使用原版工具书时，对于日语注释部分出现的生词等可以参考汉日对译辞典的注释理解。

目前面向日语学习者的电子辞书更新换代比较快，卡西欧等专业电子辞书中不仅包含日语、汉语、英语辞典内容，甚至还包括日语能力1级、2级考试辅导练习题，辞典配置标准日语读音，功能近似于一个学习机。由于电子词典体积小、容量大、功能齐备，学习者使用时操作便捷，在教学指导上，一方面鼓励学生充分利用，以帮助学习；另一方面还要避免过度依赖电子词典，以免语言积累中的主动记忆意愿降低，记忆效果受影响。

（6）教师激励和学生自我激励。阅读是个有趣的活动，但是带着学习任务的阅读有时会给学生带来压力，使其感觉阅读困难，甚至失去阅读兴趣和信心。此时教师对阅读任务的有意义设计、教师给予学生的鼓励和表扬、学生的自我肯定，都可以增进学生学习的自信，从而激发继续努力战胜困难的勇气。

第四节　写作教学及策略

日语书写教学是日语教学的组成部分。以培养日语书面表达和传递信息能力为目的。包括培养正确书写假名，日语常用汉字和使用标点符号等基础技能，以及造句、作文、翻译的书面语初步表达能力，与语音、词汇、语法、口语及阅读教学紧密结合。书写技能训练要充分考虑日语文字特点，与字母（假名，认读同时进行；词汇教学中所学日语汉字的正确写法是经常注意的中心：抄写、听写、默写等为切实可行的方式。书写训练过程中要同时引导学生理解所写的词、句，促进音、形、义的结合。日语横写、竖写形式的区别及相应的标点符号用法，是书写教学内容之一。日语书面表达能力的培养以听、说、阅读能力为基础，以写技能为手段，安排由易到难的练习体系。填空、连词成句、限词造句、按课文内容写出问答或复述提纲等有提示条件的练习，以及造句、翻译、作文之类的笔头作业，都是常用的教学方式。

一、日语书面表达的心理过程

"写"是一种运动技能，这种技能是习得的，是通过联系和反馈逐渐形成的、精确和连贯的、受到内部心理过程控制的肌肉运动。因此也称心音运动技能。又因为运动技能与知觉联系在一起，也可称知觉—运动技能。运动过程中的"写"又称书写，运动与知觉相联系的"写"是写作。

书写是写作的基础，它是一种连续的运动技能。连续的技能要求在内部心理的控制下对外部情境不断调节，逐渐减少反应连锁中的不必要的分解动作，使学习者能够快速而准确地写出词和句。书写还是手脑并用的运动技能。口语运用发音器官进行运动，笔语则用手部动作把想法记录下来。没有意识的控制，口语和笔语都不能构成言语。因此，"写"实际上是通过手的动觉编码将一个个思维内容转换为视觉编码的过程。书写也是一个包含自动化部分的自觉过程。书写过程中存在着认知心理学所强调的目的、计划、内部程序或表象的作用，也存在着行为主义主张的强化和自动化的作用。总地来说，书写是一个自觉的过程，随时受到意识的监控和所发出指令的操纵。

日语"写"的能力包括句写作的能力和文章写作的能力。对于书写能力的培养主要是针对幼儿进行的，很少纳入外语教学目标中，因此，本书忽略书写的心理过程，只介绍外语写作心理过程。

（一）写作之前的心理活动

（1）定题。写作的题目通常有指定题目和自选题目两种，明确题目是写作开始的第一步。对已经明确的题目进行必要的分析，把固有知识和经验纳入题目中，是题目分析必经的心理过程。

（2）酝酿、构思和捕捉灵感。酝酿能促使下意识选择和评价材料，做出新的联系，有时可获得新的观点或解决办法。不知如何下手之时先不要着急开始写作，要留出思考的时间。有时短时间的停顿会产生新的灵感或思路。要注意的是，酝酿是为了积极地思考，不能因为停笔就停止了思考。

构思是意识从集中到分散，在自觉与不自觉之间往返移动、搜寻的过程。它既不完全取决于工作，也不完全取决于灵感。有效的构思既要以扎实的工作为基础，也要讲究方法，善于捕捉灵感。

（3）写作计划。写作计划就是通常我们所说的写作提纲。编写提纲是写作顺利进行的保证，是写作的重要准备阶段。

（二）写作过程中的心理活动

（1）考虑主题的意义。不论是指定题目写作还是自选题目写作，所写的内容应该能显示自己对问题的认识和见解，要向读者展示新的观点，为他们提供有用的信息，要生动有趣又富含寓意。因此，要时刻考虑所写的每一段、每一句，甚至每一个词到底有多大意义，还要考虑对有意义的内容如何表达。对与主题关联不大或者无关的内容要不惜删减。

（2）考虑写作对象和写作目的。写作时要考虑读者的感受，了解读者想要知道什么，会有什么问题，已经知道了什么，读后会有什么评价，采取什么态度。通过揣摩读者的身份、年龄层次、性别、教育程度、社会地位等，在用词、造句、语气、表达方式等许多方面做出相应的变化。通过对写作对象的了解，确定写作的目标。

（3）组织和形成思想。写作要把思想呈现于纸上，有必要把所有的思想集中起来。作者必须考虑写作思想、内容、风格的统一性，使读者能够获得完整的印象和方向感，并保证读者能够跟上思路，不至于茫然或混淆，不会因琢磨意义而反复阅读。

二、日语写作中常见的错误

我国的日语学习者在最初学习日语时看到日语中使用了大量的汉字，因此认为日语学习非常容易。殊不知正因为二者有相似之处，在给日语学习者带来方便的同时，也给日语学习带来了诸多不便，产生了负迁移现象。在日语写作教学中，这种负迁移现象主要表现在如下几个方面：

（一）发音错误

每一个外语学习者在学习他国语言时，发音的重要性毋庸置疑，日语学习亦是如此。可是，日语学习和其他语言不一样，日语书写完全靠日语学习者将听到的内容，按照日语的发音习惯原原本本地书写下来。因此，日语发音的好坏直接影响着日语学习者能否进行正确的书面表达，影响着日语学习者日语写作水平的具体体现。我国的日语学习者在初学日语时，大多喜欢用汉字标记日语发音，这种方法比较直观，但由于汉语发音习惯的局限，也由于两种语言发音存在着复杂而微妙的差异，因此使用汉语发音很难把握日语的实际发音，使日语学习者或多或少地受到母语的影响，形成中式的日语发音，给以后的日语学习及写作带来障碍与困扰。

（二）词语误解

随着日语学习的深入，日语学习者接触到的日语中的当用汉字也逐渐多了起来。有些日语中的当用汉字看似与中国的汉字相同，实际却截然不同，稍不注意就会引发误解。例如："爱人"在汉语中是指妻子，可在日语中是指情人；"手纸"在汉语中是厕所用纸，可在日语中是"信"的意思。正是由于日语和汉语有相同的汉字，中国的日语学习者在学习日语相关内容时只要通过阅读就能明白意思，因此有些日语学习者平时没有掌握日语汉字的正确发音，也没有真正了解这些汉字在日语中的确切含义，到了不得不使用时往往会出现发音不清或语意不详的错误。日语中虽然有很多汉字，但因为中日文化的长期演化与分离，更由于日本文化在吸收外来文化过程中表现出来的高度创新意识，已使诸多汉字消失了汉语的本音和本意，而附着了日本本土的文化内涵，成为他们自己的语言文化符号。这种文化演变中所产生的词语误读或差异，是学习日语者经常遇到的难题，任何自以为是的读法常常会引发谬误，有时甚至会产生严重误解，形成文化负迁移。

（三）表现方法上的错误

1. 自、他动词的错误

日语的动词分为自动词和他动词，而汉语中没有自动词和他动词的区别。

例1：私は母からの平紙を統んでいる時、涙を出す。（涙が出る）

例1表示"我在看着妈妈的来信时眼泪流了下来"。这种流泪是自然发生的，因此用自动词"涙が出る"来表示，而不用他动词"涙を出す"来表示。

例2：交通事故の多発に対して、安全運転キャンベーンが行った。（行われた）

例2表示"针对交通事故的多发，决定举行安全驾驶活动。"对于日本人来说，与其强调人的动作，不如客现描述事物本身，因此将只有他动词形式的"行う"变成被动态"行われる"来表示事情的状态，这种是日语中常用的一种表现形式。笔者在使用自动词和他动词的过程中，有喜欢使用自动词的倾向，表示事物是自然而然产生的，而不是人为硬加的。

这与日本文化崇尚自然的核心理念有密切的联系。如果日语学习者在学习中不理解日本人考虑问题的方法，不了解日本文化的精髓，就会误用从语法上来看是正确的句子，而实际上日本人却并不使用。

2. 授受表现使用错误

由于日本是一个岛国，空间上的孤立无援，时间上的无际无涯，都使得日本人有强烈的危机感，这样的地理位置也决定了一个民族的性格取向，他们的武士道精神，对自然的执着，对美的刻骨眷恋，对生的无常和死的无畏，都来自于远古自然环境陶冶下的文化内心。因此日本人特别重视人际关系。在汉语中一个"给"字即功表现的意思。在日讲中就有"（て）あげる""（て）くださる""（て）いただく"等14种表现形式，中国的日语学习者在最初学习日语时，由于没有充分理解"やりもらい"的含义常犯以下错误：

例1：敬老の日に母に時針をさしあげた。（あげた）

在例1的日语使用中"さしあげる"使用不当。因为在日语中无论什么人，只要是自己的亲属，就不能使用"さしあげる"，而用"あげる"。这种考虑方法中国人是难以理解的，

因为中国人认为虽然是自己的亲属，但是母亲是应该尊敬的，因此中国的日语学习者由于受到中国文化的影响，在学习日语时会不自觉地产生母语文化的负迁移。

三、日语写作教学

写作是借助文字符号传递信息的言语活动或言语交际形式，是一种言语输出过程，也是一种连续的运动技能。按照写作的内容形式，可以把写作分为"句写作"与"文章写作"。

1. 句写作

句写作也称造句。造句是言语产生的基本能力，是言语表达技能的一部分。造句不同于表达思想，可以不考虑社会语境等许多因素，只要按照语法要求组织词汇和短语等语言材料即可。因此，书面造句还只是一种语言练习，以培养言语技能为目的。造句也有不同的层次划分，如初级阶段常用的替换性造句等，中高级的自由造句（对于一个单词或句法结构进行的）、回答问题、汉译日等。我们所说的"句写作"是侧重在自由造句方面的。口头造句与书面造句是截然不同的。口头造句主要依靠发音器官来实现输出功能，造句的效果部分地取决于发音的质量，受时间限制，要求快速完成，无法使用工具书，语法词汇的使用一般较为简单，无暇修改和校正。书面造句主要依靠手的书写来实现输出功能。

书写在造句中有一定地位，有较长时间考虑，能使用工具书，语法词汇的使用相应得较为复杂，不受时间限制（如课外作业），即使限时完成（如课内作业）也比较从容，完成后有检查、修改和思考的时间。此外，从句子内容的优劣主要取决于言语表达中最为重要的"语言结构能力"角度看，口、笔语的训练是一致的，但是笔语在选词、语法结构等方面的质量要求更高一些。而且在语言体裁和风格上，日语的会话语和书面语之间的差异也很大。

2. 文章写作

文章写作也是写作的重要形式。文章写作是一个自觉的过程。必须通过自觉学习来掌握这一技能。

（1）文章写作是借助语言符号表达思想，不可能借助面部表情、手势、身体动作等语言辅助表达手段，只能依靠文字和标点符号来表达思想，因此不会有即时的反馈。文章写作可以反复考虑和修改。反复考虑就可以慎重措辞，反复修改就可以表达完整、表述清晰、减少错误。写作课程是以培养笔语能力为目标设置的。

（2）写作能力有时体现为写文章的高级表现形式，有时也体现为用笔语回答问题的低级表现形式。由于日语语言有口语体和文章体之分，口语体通常用于口语会话，所以与"听"和"说"的关系更密切。文章体主要用于笔语交流，因此，与"读"和"写"的关系更为紧密。口语体和文章体几乎是两套词汇与语法体系，因此与其他的外语技能相比，日语写作能力的培养就更有意义。提高日语写作能力要依靠日语语言结构能力和阅读能力的培养，同时也依靠听、说能力的培养，写作能力培养的目的就是把各种学习中获得的语言知识综合地运用到书面交际中去。

（3）写作能力的高低主要表现在构思能力和表达能力上。通过写作课或作文课对不同题材和体裁的内容（如信件、报告、日记以及实用公文等）进行的写作训练，也包括句子水平的书面练习，是培养写作能力中构思能力和表达能力的主要方式。

在日语学习中，造句、汉译日、编写课文提纲等都可以看成写作。这些写作活动是日语教学中的重要操练形式或教学方法，也是为培养写作能力做准备的具体训练。

（4）写作既是日语课程教学的目标之一，也是日语各阶段教学的目的和要求。写作训练也是外语思维训练、掌握外语语言结构的训练手段。通过书写日语文章或短句，学生可以获得日语笔语表达能力。

写作能力即书面造句能力、搜集素材能力、书面语言的运用能力、捕捉灵感能力、构思能力、组织和形成思想的能力等。

四、日语写作教学要点

（1）扎实的语言知识。为表达各种思想内容，学习者必须具备相应的语言基础知识和表达技巧。语言手段越丰富，能够表达的思想内容就越多。

要具备写作能力首先就要扩大语言知识的储备和语言表达技巧。在写作过程中遇到的首要困难是日语语言知识不足，如词汇量少、不能自如运用语法规则等，以至于不能准确表达思想。

（2）把握书面语与口语的表达方式差异。日语的口语体与书面语在词汇运用、句法结构、句型句式等方面都有很大差异，另外，书信、公文等的写作也需要遵循固定格式。因此要提高写作能力，不仅要依靠日语知识的学习和读、听等训练中获得的日语知识，还必须学会各种书面语语体的常用词汇和表达方式、句式，甚至还要学会正确使用标点符号等非语言手段表达。

这种口语体和书面语之间的差异也为写作教学增加了任务量，是写作教学的难点之一。

（3）善于用日语构思成年人通常具备一定的母语写作能力，在用日语写作时，往往采用先用母语构思或写作，然后再译成日语这种翻译式写作的习惯。不同阶段的日语学习对写作能力的培养也有不同要求。通常基础阶段与高级阶段在文章的体裁、书写的要求、用词以及语言规则的熟练使用等方面要求不同。为培养写作能力，采取笔头翻译的练习形式是容许的，可以省去构思话语内容的时间。但是为了培养在写作过程中的外语思维习惯，要控制使用翻译，尽可能多地采用有助于养成直接用日语思维习惯的训练方式，以培养日语思维能力，提高用日语自如表达的程度。

（4）言之有物。如果写作时总是感觉无话可说，三言两语就结束，那么就达不到练习的目的。培养学生擅长展开话题，也是写作教学的任务之一。无论是用母语写作还是用日语写作，有时都不免会出现跑题的情况，也就是不能围绕题目展开议论或分析。这也是写作能力弱带来的外语写作困难之一，需要在教学中给予重视。

五、日语写作能力培养策略

1.语言规则运用能力提高策略。没有词汇与语法等语言规则做基础，就像没有砖和水泥难以盖起高楼一样，是不能写出通顺流畅的日语文章的。具备一定的语言知识，也不一定就能写出好的文章。写作能力也需要通过训练逐步提高。

（1）分阶段、有步骤训练。写作能力的培养不只是高级日语学习阶段的教学任务，它应该与听、说、读等言语技能一样，贯穿于日语学习的始终。初级阶段的写作可能只是短句或短文的编写，是灵活运用新学习的语法或词汇等语言知识的训练，也是复习、巩固式的练习。

随着日语知识学习的程度不断提高，对写作能力的要求也不断提高，一个话语内容可以采用多种表达方式来表达，如语体变换、词汇变换、人物角色变换等。通过有计划、有目标地训练，一定能达到提高语言表达能力的目的。

（2）多种形式的大量练习。书面语或口语形式的笔语表达可以通过多种形式的练习来进行。例如，填空练习、看图写话、汉译日、造句、写命题短文等。

每一种练习方式都有具体的方法和步骤。例如，利用图示进行写作训练时，可以采取给画面加注释、看图写句子写文章、就画面问答等具体的训练方法，一方面培养学习者的笔语能力，另一方面训练日语思维能力和想象能力。

对语言规则的熟练运用需要通过长期的、大量的训练来完成。由于写作可以慢慢思考、反复修改，因此是灵活、准确、自然地使用语言的极好练习方法。

（3）重视修改。对于已经写完的语句或文章一定要认真阅读，反复修改。除了修改认为不适当的词汇或语法规则，还要从语言逻辑、修辞的角度考虑，增强语言表达的逻辑性和条理性。

修改可以分为自我修改和他人修改。要在自我修改的基础上请教教师或借助参考资料修改。修改不是对答案，一定要事后分析原因，体会被修改的语句与自己写作的语句有什么差异，从而学习准确的日语表达方式。

2.日语写作能力提高策略。日语写作能力与母语写作能力息息相关，母语的写作水平高，相应地也能具备用日语破题、构思、捕捉灵感等能力。尽管用外语思维时会带来某种程度的能力降低，但是提高总体写作技能会为日语写作能力的提高提供帮助。

（1）破题。写作的题目来源通常有指定题目和自选题目两种。对于指定题目的写作，首先要分析题目的各个方面，要充分收集资料来满足题目的需要，把指定的题目真正变成自己的题目，搞清题目涉及的范围与自己已知的东西有多大联系，要尽可能使自己的兴趣和经验与之联系起来。个人经验正是进入题目所需要的。

对于自选题目往往是从自己熟悉的和感兴趣的问题入手，要慎重推敲所定题目涉及的范围，避免因题目过大、要写的范围太广而出现自己难以驾驭的情况。因为范围过广往往难以深入，而过于肤浅则会导致写作的失败。因此选题首先要确定的是"写什么"的问题，即"为什么写""给谁写"，或者说"读者是谁"，应考虑写作目的和读者的需要来选题。

（2）构思和捕捉灵感。构思是一个积极思考、酝酿的过程。在构思的过程中需要灵感，即从一个词、一句话或者一件事、一种现象中突然产生某种联想，发现新的解决问题的办法。但是这种灵感不是凭空而降的，它来源于知识和经验的积累。也就是说，有效的构思需要扎实的努力和善于捕捉灵感两个要素发挥作用。

（3）累积素材。累积素材就是围绕文章的主题不停地写下所有你能想象到的词汇或语句，不必受标点、语法、词汇书写的正误，甚至是否已经脱离开始时你对题目的认识等的限制，信笔畅书，发挥想象力，写出足够的与主题相关的材料。累积素材可以采用图解法、树形图、词束网络的方式。

图解法即用图示勾画出文章的中心或要表达的主题；树形图即围绕着文章的主题和中心思想，勾画出文章的结构关系，理清文章的脉络；词束网络即罗列出所有能够想象到的与主题相关的词束，从这些材料中画出你感兴趣或你认为有感而发的内容，从中选出你希望得到的东西，逐步使你的文章主题更明确、突出。

（4）"六个 W"提问。通过对文章的 Who（谁）、When（何时）、Where（何地）、What（什么）、Why（为什么）、How（如何）这六个问题的回答，增强文章主题的深度，产生更多的素材，从素材中找出切入文章的办法。可能在一篇文章中，有些要素是涉及不到的，因为文章需要有所侧重。但是在写文章时，往往是从这些基本要素中提取重要的、个别的问题来解决一些矛盾冲突。

（5）有目的地阅读或与他人交谈。有时冥思苦想也不能产生灵感，这就需要阅读一些相关资料，从大量的信息中受到启发，从而产生新的想法。必要时还可以通过与他人交谈，听取不同角度的看法，扩大眼界，开阔思路。

（6）解答问题。许多认识都是在解决矛盾的过程中产生的，找到矛盾的实质、根源才能找到解决问题的办法。在构思过程中分析与题目有关的问题，并且从不同的侧面回答这些问题，就能在发现和解决矛盾的过程中明确自己的观点和态度，这也就是所谓的灵感。

（7）撰写提纲。笔语的写作可以分为以事实为中心的写作和以思索性的或以思想为中心的写作。前者是作者在写前已经知道大部分的写作内容，写作的任务在于运用语言符号，明确而有效地呈现这些内容。后者有突现性特征，作者在写作的过程中发现许多内容，写作的任务是组织和表达这些内容。以事实为中心的写作，有大量的材料需要简明扼要地阐释，应为写作草拟一个初步计划，使材料得到控制。以思想为中心的写作，在不知要写什么时也要有个引导思想意识或概念的草稿或写作提纲，以便使思考的内容更集中，更有条理。

写出主题句提纲和要点提纲（或关键词提纲）时要用日语构思。使用日语词汇或短语、语句写提纲，可使整个文章在构思之时就具有日语结构和表达，避免用汉语构思或写作再翻译成日语导致"翻译腔"文章的产生。

（8）大量阅读。对于提高写作能力来说，大量阅读一方面可以扩大知识面，提高针对语言规则的复习巩固的频率；另一方面通过阅读同一题材或体裁的文章，可以为构思、写作等提供灵感。

六、教学对策

要想克服汉语对我国日语学习者日语写作的影响，扩大日本文化获取的渠道，增加日语学习者接触日本文化的机会，加强对比教学，形成日语思维，改进作文的评价方法是提高日语学习者日语写作水平、增强其跨文化交际能力的重要途径。

（一）利用多媒体教学，营造日语环境

中国的日语学习者在完成基础日语学习后，教师应指导学生充分利用电脑等多媒体学习日本文化，积极参与有关日本文化的活动，体验日本文化。教师可以组织学生观看日语的电视剧、动画片，学唱日语歌曲，收听日语广播，阅读日文报纸或文学作品等，这是学生学习日语、了解日本文化的重要途径。因为任何一部电视剧都会涉及到日本社会的各个方面，是日本社会的缩影。学生在观看日本电视剧的同时不仅可以学到日本语言的正确表达方法，还可以了解日本人的生活习惯，更可以理解日本人的思维习惯。因此，无论是观看日本的电视剧还是学唱日文歌曲，对于学生理解日本文化、提升日语的写作水平都会有很大的帮助。

（二）改进教学方法，养成日语思维习惯

日语学习者怎样避免母语文化的负迁移，逐渐养成日语思维的习惯，写出比较地道的日语文章呢？

首先，无论日语教师还是日语学习者都必须达成共识，那就是学习日语写作如同学习游泳，必须进行实际的反复的练习才能提高自己的技能。否则，无论你在岸上学习多少游泳的技巧，不到水里实际操练也是一事无成。任何写作都是在实践中百炼成钢的，除了天赋、才气，更重要的是毅力与勤奋。

其次，日语写作教师还要不断地改进教学方法，在要求日语学习者写作前要给他们同类文章的日文范例，在与日语学习者讨论范例的过程中，使他们理解日语文章的写作思路、写作技巧以及常用的句型，指导日语学习者进行中日两种文化的比较，深层次地了解日本文化，以及日本文化对日本人生活、性格、观念、生命意识、语言表述方式的深刻影响，从心理上承认并接受中日文化的不同，从更宽阔的层面上坦然接受异域文化的特点，真正理解两种文化的不同质地，逐渐克服母语文化的负迁移。

（三）改进评阅方法

由于文化负迁移的影响根深蒂固，通常仅靠日语学习者自身的努力很难达到良好的效果，这时教师的指导就尤为重要。日语写作教师可采取分别批改、集中指导、找出范例与日语学习者共同批改等评判方式，这会促进日语写作教学有的放矢，使日语写作充满乐趣。在条件允许的情况下，邀请日籍教师共同指导批改作文，共同指导学生写作，这对提高日语学习者的写作水平以及我国日语写作教师的教学水平都会有很大的帮助。

由于教学者与学习者的共同参与和完成，日语写作不再艰难，每一次体验都是一次有意义的创造，而到达目的地时的快乐，则是我们出发的初衷和期待。

（四）对语法熟练应用的困难

语言规则学习的目标就是能够熟练应用，语法的学习也是这样，把已经理解和掌握的语法、句型自如地运用到会话、写作等语言实践中去，是语法学习的目标和关键。然而，我们往往在语法学习中只重视书面练习，通过做练习来达到熟练，致使语法口语应用中出现影响交际的错误，或者交际过程中表述不流畅。

第五章　日语教学模式

第一节　日语与慕课教学模式

慕课（MOOC，Massive Open Online Course）是一种以信息网络作为教育媒介的群体性网络课程，它主要利用信息技术把课堂教学、知识传授、学习任务、课后作业、教学问题、学生与教师间的互动交流、教师对学生的评价等步骤、环节紧密地组合在一起。群体性、开放性、远程性、自由选择性是慕课教学的主要特点，而目前我国高等素质教育的特征是面向世界、面向未来，注重大学生群体素质建设，因此，慕课教学的特征与我国高等教育特征高度吻合，二者在我国高等教育体系建设中相互联系、相互辅助，推动我国高等教育体系快速转型。

一、慕课的兴起

慕课兴起于 2011 年，汇聚了世界顶级大学种类繁多的精品课资源。2011 年秋斯坦福大学创办了 Udacity，最初只局限于计算机和数学等领域；2012 年 4 月哥伦比亚大学和普林斯顿大学等推出 Coursera 网络平台，主要使用英语，也有少数课程使用汉语、西班牙语、法语和意大利语等；2012 年 5 月哈佛大学和麻省理工学院联合推出了 edX，其后全球上百所高校加入了 edX。

在国内，2013 年 4 月香港科技大学教授 Naubahar Sharif 在 Coursera 开设了亚洲第一门慕课课程"中国的科学、科技与社会"；5 月，清华大学成为第一个加盟 edX 的大陆高校；7 月上海交大联合中国 C9 高校和部分"985"高校共同签署了《中国高水平大学"在线开放课程"共享协议》；8 月台湾大学教授叶丙成开设了第一门以中文授课的慕课课程"概率"。同时在 2013 年 4 月，我国成立了东西部高校课程共享联盟，复旦大学、上海交大、重庆大学、中国人民大学、北京航空航天大学、北京理工大学、哈尔滨工业大学、四川大学、兰州大学等近 70 个成员单位加入。2015 年末，东西部高校课程共享联盟年工作会议在北京大学举行，联盟理事长、北大副校长高松院士在会议上公布了一组数据，经过两年半的发展，联盟成员已经增加到 93 家，包括近 30 所 985 高校和近 70 所 211 高校，目前已累计开设课程近 200 门，全国受益学校超过 1000 所，覆盖大学生人群 1000 万，已有近 50 万学生通过联盟课程获得了学分，累计有超过 100 万大学生修读了学分课程。

二、基于慕课的日语会话教学现状

从目前我国高等教育发展趋势来看，我国外语高等教育正处在历史变革的关键时期，大学生会话交流、语言应用能力的培养日益重要。日语专业会话课程通常是精品小班化授课模式，以 25 人左右的专业小班作为课堂组织主体，时间设定为 90 分钟。虽然小班模式的日语会话课程设计能体现出课堂教学的系统性、完整性和持续性，但固定的教学方式会降低学生日语会话练习的兴趣，不利于学生形成完整的日语认知架构，而慕课教学这一新型教学形式的出现改变了这种教学状态。

到目前为止，很多高校都将慕课作为英语教学的主要媒介，使用慕课作为英语教学工具的高校占高校总数的 95% 以上。而根据 2016 年果壳 MOOC 研究学院权威统计数据显示，在数以千计的慕课精品课程资源中，使用日语作为教学语言的课程只有 27 门，不足课程总数量的 1/10；以日语作为教学语言培养学生日语应用能力的课程只有 12 门（日语会话课仅 3 门），这 12 门课程是远程学习中心开设的课程，并非高校联盟成员创办的。这表明，以日语作为教学媒介的语言应用类课程在慕课领域有着广阔的发展空间，因此，根据学生日语学习的现实需求，以慕课为教学工具构建完善、科学的课堂教学模式已成为当务之急。

三、基于慕课的日语会话教学模式构建的创新思路

在互联网情景中，虽然慕课具有传统教学模式不具备的优势，慕课的应用也会给高校传统日语会话教学模式带来影响，但慕课作为一种依托信息传媒工具发展形成的远程网络教育机制，其在语言交互运用、对话情景塑造方面还有着一定的局限，不能完全取代传统的日语会话教学。为改变这一现状，有必要将慕课与传统日语课堂会话教学结合起来，各取所长，在发挥传统教学模式情景性、引导性的基础上，利用慕课软件整合线上教学资源，为学生塑造积极、活跃的课堂情景，进而构建完善的课堂教学体系。

在沿用传统教学方法的基础上，以慕课作为工具维度的教学模式调整，实质上是一种关于日语会话课程教学模式创新的尝试，这种创新性的尝试应基于互联网工具、教师、学生三者共同构建。互联网工具应是对话素材、知识信息的来源，教师和学生可借助互联网工具搜索对话素材直接应用；教师应发挥"知识信息中转站"的作用，按照科学化的教学思路引导学生；学生应是知识信息的接受主体，在信息化情景中或与教师对话，或是借助慕课完成教学任务。值得注意的是，在慕课与传统教学方法相结合的日语会话教学模式的基础上，要注重教学任务的设置，即根据学生的日语会话水平科学合理布置教学任务。

四、基于慕课的日语会话课程教学模式的构建途径

（一）利用创新工具，完善课堂组织架构

众所周知，日语会话课堂与普通语言类课程最大的不同在于日语会话课堂以语言实践为主，是学生与学生之间、教师与学生之间进行对话交流的互动实践，课程主要以对话或

角色扮演的方法完成，有着明显的动态性特征。所以，创新性工具的使用要突出群体性教学理念，即教师应以慕课网络作为课堂教学媒介，借助网络以音视频的方式向学生传递知识信息，进而扩大学生的认知来源。此外，要根据学生群体的学习特点，突出对话素材，引导学生主动从素材练习开始，不断深化语言认知，形成较强的语言交流能力。

（二）设置课堂教学目标，突出学生主体地位

日语会话教学是学生与教师互动交流的过程，是教师引导学生关注课堂知识的客观引导机制，教学目标的设置要具有"双向性"特点，即教学目标不仅要体现课程目标，也要表现出教学情境目标，且目标的设置要尽可能细化，尽可能保持目标的引导性。为了实现课堂教学目标，教师要注重学生主观能动性的发挥，一方面，教师要利用慕课网络在课堂教学活动开始之前仔细搜集日语会话素材，设置课堂教学主题，让学生围绕教学主题展开交流探讨；另一方面，教师要根据学生学习的特点，利用慕课系统与学生进行对话、交流，让学生利用网络及时反馈学习成果，方便教师及时做出评价。

（三）创建慕课教学情景，塑造良好的教学氛围

日语会话课程教学取得良好效果的基础条件是教学情景的构建，优质的教学情景、良好的教学氛围可以让学生放松身心。第一，在教学过程中，教师要学会利用慕课工具选择一些与日语文化知识相关的问题或故事当作开场白，从具体事例的角度对学生进行引导。第二，针对学生学习的特点，教师要利用慕课资源构建个性化课堂，结合学生的认知模式调动学生的兴趣，以学生作为课堂教学主体，将多种教学方法，如信息化教学方法、情景化教学方法、实践性教学方法等融入课堂实践中，健全学生的认知模式。第三，教师要有目的、有选择地在课堂教学的不同环节设置教学问题，以问题为导向鼓励学生交流探讨。第四，在上课前或是上课后，教师最好以一些日文歌曲来活跃教学氛围，这样有助于学生在良好的氛围中形成自主性学习意识。

综上所述，基于慕课的日语会话课程课堂教学模式的构建，首先要了解慕课的教学特点及功能优势，然后结合学生日语学习特点，将传统形态的日语会话课程教学模式与慕课教学有机结合起来，最后通过设置教学目标、创新课堂情景等方法健全课堂组织体系，活跃课堂氛围，促使学生在日语会话实践中形成较强的语言应用能力。

第二节　翻转课堂教学与微课日语教学

翻转课堂是在信息化环境中，课程教师提供以微视频为主要学习形式的学习资源，学生在课前完成对学习资源的学习，师生在课堂上一起完成作业答疑、协作探究和互动交流等活动的一种新型的教学模式。这一教学模式为教师与学生的互动互换角色提供了平台，使得实际教学活动中，教师的教与学生的学处于平等的地位，教师成为学生学习的引导员，教师与学生成为"学习共同体"。

一、翻转课堂概述

（一）翻转课堂与传统课堂的差异

传统教学模式下的课堂，80%以上的时间是教师在讲解，学生回答问题等发挥自主性学习的时间特别少。而翻转课堂则是一半以上的教学时间让学生自主参与，课堂变成了教师与学生之间、学生与学生之间关于所学知识互相交流、共同学习、答疑解惑的场所。可见，翻转课堂与死板的且不能发挥学生自主学习能力的传统教学模式相反，其教学模式是让学生事先预习，也就是课前学生要观看拟学习知识的视频，在课堂上通过讨论等方式，让学生积极参与教学，使学生兴趣益然地掌握知识，提高课堂教学效果。

（二）翻转课堂的构成要素

翻转课堂由技术、流程和环境三个基本要素构成。技术要素以微视频为主导；流程要素是指"课前—课中—课后"教学活动的安排；环境要素以拥有智能诊断功能的学情分析系统为主导。

（三）翻转课堂的学习资源特点

举一个具体实例加以说明：在翻转课堂所用视频中，萨尔曼·汗的数学辅导教学视频最为突出。其特点主要表现为：第一，短小精悍。针对一个特定问题只有几分钟的视频，查找方便，适合发布，学生预先观看不会厌烦。第二，信息清晰明确。在萨尔曼·汗的视频中，只能看到他的手在不停地书写一些数学符号，一点一点地填满整个屏幕，而且有配合书写讲解的画外音。用萨尔曼·汗的话来说："这种方式，它似乎并不像我站在讲台上为你讲课，就像我们同坐在一张桌子面前，一起学习，并把内容写在一张纸上。"可见，翻转课堂的教学视频信息清晰明确，视频中没有教师的头像身姿，不会出现教室里物品摆设的情景画面，有利于学生集中精力进行自主学习。

二、翻转课堂的演变历史

翻转课堂自产生以来发生了多次演变，主要表现为以下几方面：第一，学习场所转变为教学活动的全过程；第二，单一学习行为转变为含学生、教师、教学内容、媒体利用方式、教学环境等多因素的繁杂教育行为；第三，在线视频观看转变为以学生为中心在智能诊断系统支持下的多媒体环境；第四，信息技术的使用转变为学生自觉将信息技术与教学全过程相融合，从而唤醒学生课堂学习的主动性。

三、微课和翻转课堂

翻转课堂译自"Flipped Classroom"或"Inverted Classroom"，一般被称为"反转课堂式教学模式"。传统的教学模式是教师在课堂上讲课，布置家庭作业，让学生回家练习。与传统的教学模式不同，在翻转课堂教学中，学生在家完成知识的学习，而课堂变成教师答疑解惑和师生间互动的场所。在这种教学模式下，教师和学生的角色发生了变化，学生不再是知识的被动接受者，而成为主动的知识探究者，教师也由知识的传播者变成了学习的指导者和帮扶者，当学生在学习上遇到困难时，可以在课堂上寻求教师的帮助，这也促进了教师与学生间交流。

微课是指教师在课堂内外教育教学过程中围绕某个知识点（重点、难点、疑点）或技能等单一教学任务进行教学的一种教学方式，具有目标明确、针对性强和教学时间短的特点。微课的核心组成是课堂教学视频，还包含与该教学主题相关的教学设计、素材课件、教学反思、练习测试及学生反馈、教师点评等辅助性教学资源。由此可见，微课和翻转课堂是相辅相成的，微课是翻转课堂的必要元素，是为翻转课堂服务的。翻转课堂是微课呈现的重要载体。

四、几种常见的微课类型

微课的类型主要按照微课的内容进行分类，常见的微课类型以下几种：①知识讲授类。此类微课主要以知识点的讲授为特点，教师运用口头语言向学生传授知识。这是最常见、最主要的一种微课类型。②练习类。此类微课一般为教师收集某知识点的相关练习，然后通过讲解演示的方式向学生传授解题方法，引导学生发现方法，再准备一定量的习题帮助学生检验知识的掌握程度。③演示类。此类微课主要用录像的方式记录教师示范和操作的过程，学生通过观看微视频观察操作步骤及要点获得对知识的理性认识，并掌握具体实务操作技能。④实验类。此类微课一般使用录像将教师所做实验记录下来，学生通过观看微视频观察实验现象的变化，并从这些现象的变化中验证知识。

五、新形势下翻转课堂在日语教学中的应用

翻转课堂是一种新型教学模式。目前，其已成为笔者课堂教学的重要方式，并取得了良好的教学效果。

（一）日语教学中翻转课堂的特点

翻转课堂强调以"教师为主导，学生为主体"的双向互动教学。这一教学特点在日语教学中体现为：一是，将语言知识的讲授融于语言实践互动活动中，充分考虑每个学生的个体差异，尽量想办法发挥学生在学习中的主观能动性，调动学生的学习积极性，积极参与课堂活动，建立教师与学生互动学习过程。二是，课堂教学要始终围绕培养学生探索学习规律的能力，提高学生听说读写译的语言能力，培养学生分析问题、解决问题、实际运用日语的能力展开。三是，在日语课堂教学中，教师充分考量学生的个人能力和兴趣因素，精心设计安排组织课堂活动；在合适的时机补充涉及日本社会现象、文化影响、历史背景方面的知识，营造一个丰富多彩、生动活泼、感同身受的语言学习氛围；通过分角色进行模拟表演、知识演讲、模拟情景会话等方式引导学生进行语言实践运用，鼓励学生在设定语境下学习和灵活运用语言，提高语言综合运用能力和文化影响，提高学生学习积极性和

主动参与热情，将日语知识学习与日语实际运用能力的提高紧密结合在一起。

（二）日语教学中翻转课堂的应用

在日语教学过程中使用翻转课堂模式，应做好以下几方面的工作：

（1）在课前，教师应根据授课内容和学生实际，确定教学重点和难点，并制作5分钟左右的微视频上传至学校平台网络共享。学生通过手机电脑等方式独立学习基本知识。在这一阶段，要求教师必须对即将学习的知识内容进行重点和难点的准确界定，提出问题要有深度，问题涉及的知识范围要有广度，知识设计要先易后难，循序渐进，以便引导学生自主学习知识。例如，在日本商务礼仪课程中，关于举止规范这部分内容的讲授中，教师应先给学生设立问题，让学生说出自己对于日本商务礼仪举止的了解，教师再在视频中展示日本商务礼仪举止视频，激发学生的学习兴趣。学生观看视频学习后，应将疑问和困惑通过微信、电邮、QQ等方式反馈给教师，教师根据学生反馈情况制作上课教学课件。

（2）在课堂教学过程中，教师与学生之间的交流和学生与学生之间的交流要占课堂时间的一半以上。这就翻转了教师作为课堂主体的传统教学模式，课堂主体变更为学生，通过师生交流和生生交流，了解学生日语语言知识的掌握程度，并实施有针对性的指导；在教师指导下，组织建立学习小组，加强学生间的交流，组内设计特定学习讨论任务，要求学生在完成小组特定学习讨论任务时，要积极参与，尽自己能力完成任务，增加学生的课堂参与度，使知识掌握得更加牢固，且教师与学生之间的交流得以加强。

（3）在课堂教学结束后，教师可以与学生进行一次学术知识交流活动，通过交流来了解学生掌握知识的程度，及时帮助学生查缺补漏，以便学生更加牢固地掌握日语基础知识。例如：在交流活动中，基础知识掌握熟练的学生会积极主动与教师同学进行探讨，使全体学生都能够获取更多的知识和应用经验，从而使学生的基础知识得到进一步的巩固和提高。

总之，在大学日语教学中使用翻转课堂教学，教师要认真总结和深入探讨学生在课堂上的知识收获与缺漏，不断总结经验教训，以便在下一次教学中能够以翻转课堂教学带给学生更好的学习效果。

当然，翻转课堂也有其局限性。如，大学日语课堂教学中有巩固课、复习课、练习课、新授课、试卷讲评课、研究性学习课等多种课型，不同课型，教学重点难点不同。所有课型的授课都采用翻转课堂这一教学模式，会导致有些课型的教学任务无法按时完成，而且不利于教师准确把握教学重点难点，进而影响教学效果。因此，教师要根据课程内容和课型选择恰当的教学方式，避免进入翻转课堂教学使用误区。

随着各高校校园网和局域网的建立，学生拥有了方便实用的网络学习条件，翻转课堂教学可以选用题材广泛、内容丰富且体裁多样的语言语料库材料，实现课程内容知识性和趣味性的融合。翻转课堂教学过程中，重视学生主体性发挥，调动学生学习积极性，学生自主参与学习过程，使"以学生为中心"的建构主义理论精髓深入到日语教学之中，可以有效促进大学日语的教学改革。

六、微课在日语教学中的应用

（一）微课适用的日语课程

日语专业学习者学习的专业知识内容涉猎广泛，专业课程门类众多，但并非所有的知识点和课程都适合做成微课。从日语学科的特点来看，日语专业课程多适合制作成知识讲授类微课和练习类微课。例如语法类课程中的日语授受表达，被动语态，敬语，相似词汇、语法的辨析，文学文化类课程中的文化现象的解释，不同文学流派的比较，各类商务日语文书的写法等内容都可以采用知识讲授型微课。此外，还可以制作演示型微课来拓展学生的知识面，例如日文输入法的使用、日本浴衣的穿法、日本寿司的制作方法等。

（二）微课应用的教学环节

在翻转课堂教学中，学生学习知识主要在课外，因此，课前和课后成为学生自主学习的时间。微课视频的最大特点是短小精悍、简单易懂，是十分宜于学生自主学习的教学资源。根据日语学科的特点，笔者认为微课可以应用于以下几个方面。

1. 课前预习部分

（1）课前复习和新课导入。在学习新课之前，一般会复习已学内容，课前复习可根据学生已有的知识基础和新知识所需的衔接知识点制作微课，让学生在巩固已学知识的同时，为新课程做好准备。新课程导入环节，教师可以根据新课程知识点的内容，制作可以和新课内容衔接起来的微课，以吸引学生的注意力，为新课的讲解做好铺垫。

（2）难点讲解。由于日语的语法体系和中文有很大不同，在日语学习中，有很多学习者难以弄懂，或者经常弄错的语法知识点，例如日语的授受表达、被动语态、敬语表达等，对这类日语学习中的重点、难点、易错点，可制作微视频引导学生探究规律。

（3）词汇语法辨析。日语里有很多意义用法类似的词汇、语法和概念等，如果学习到与已学知识相似的知识点，学生很有可能会产生"这和过去所学的某个相似的知识点有什么异同"这样的疑问，教师可以制作对此类相似知识点进行详细说明的微课，在帮助学生很好地掌握新学知识的同时，帮助他们复习已学知识，加深对知识的理解。

2. 课后总结拓展部分

（1）知识的归纳总结。教师制作微课对本节知识进行归纳总结，帮助学生把新学内容和已学知识串联起来，把知识的框架向学生清楚地展示出来。对于学生在课堂中没有弄懂或是掌握的知识点，可以在课后通过回顾微课的方式，加深其对这部分知识的理解记忆。

（2）巩固练习。教师可设计与本节知识点相关的习题制作成微课，用于巩固本节知识。例如学习完日语的自他动词后，可以制作微课练习来测试学生的掌握程度。

（3）知识能力拓展。拓展学生学习范围，引导学生总结本节重点及规律，让学生将知识纳入已有的知识体系。可设计一些与本节课相关知识点的微视频，例如，在学习完日语的授受表达之后，可以制作微视频介绍授受表达背后所隐藏的日本人的恩惠意识，让学生在学习语言知识的同时了解日本的社会和文化，突破课堂教学的局限性，开阔学生的视野。

七、微课应用的思考

作为翻转课堂教学中重要的一环，微课的应用对教学效果的影响深远。合理恰当地应用微课提升教学效率，应注意以下几点。

（一）微课中教师的作用

作为翻转课堂顺利实现的主要依托，微课的作用和地位不言而喻，但微课的应用并不意味着弱化教师的作用，在微课应用之外，教师还需要进行精心的准备，用课堂上的时间来帮助学生内化知识，真正做到因材施教。另外，在学生使用微课的过程中，教师的点拨至关重要，学生观看微课只能停留在"知道""理解"的能力层次上，教师在适当的地方进行讲解与点拨，可以使学生观看微课后不仅仅停留在"识记"的学习层次上，还可以运用该知识点分析实际问题。

（二）微课与传统教学

微课在有限的时间内对一个主题，通过视频的形式进行了全面深入的阐述，它短小精悍，便于学生接受。但微课不是一门课程的教学，一节微课只讲授一个知识点，而传统的课堂会传授给学生各种知识，更注重知识的连贯性和整体性，如果把传统的课堂比作正餐的话，微课就像一份快餐，它是教学方法的一种创新，是常规授课的一种很好的辅助，但不能完全取代传统意义的课堂教学。教师应该把微课和传统教学有效结合起来，最大限度地发挥其教学作用。

（三）微课的设计和开发对微课应用的意义

作为翻转课堂实施的重要因素，微课实际应用的情况关系着翻转课堂教学能否顺利实施，而微课应用的效果有赖于前期的微课开发，这需要建立起一个微课制作团队，通过科学分析和设计，制作出科学的、可以帮助学生解决学习难题的、生动有趣的微课。微课的设计和开发是个庞大的工程，但这项工作的开展对教学改革的作用是不可估量的。

以上对微课在日语专业教学中的应用进行了探讨，日语学科由于知识点众多，学习内容的人文属性较强，较适合应用以语言传递信息为主的微课进行教学。在如今学习时间碎片化、移动化的信息时代，以短小精炼为主要特点的微课满足了人们利用微小的时间掌握某一个知识点的需求，在教学中使用微课能够有效地提升教学效率。微课可以应用于日语教学中的众多环节，在推进课程改革、落实学生课堂主体地位的大背景下，微课应与翻转课堂这种新型的教学模式相结合，实现教学效果的最优化。

第三节　以学生为中心的日语教学模式

在全球经济一体化不断深入的大背景下，中日经贸关系日益密切，文化交往活动日益频繁，人才需求的变化对日语人才培养的要求也随之发生了变化。企业需要的日语人才既要具备良好的外语能力，又要有熟练的实践应用能力，即语用能力和行为能力双优的复合型人才。因此，日语教育已不再是单纯的语言教学，而是一种理论和实践相结合的综合性教育。

一、课程定位及教学内容改革

《基础日语课程》是为日语专业一、二年级开设的专业基础课，它包括语言能力和交际能力两个方面的培养和训练。其主要目的是通过传授系统的语言基础知识（语音、语法、词汇、篇章结构、语言功能、意念等），对学生进行严格的基本语言技能（听、说、读、写、译）训练，培养学生初步运用日语进行交际的能力。同时指导学生的学习方法，培养学生逻辑思维能力和独立工作能力，丰富文化知识，为进一步学习日语打下语言基础。

（一）精选基本内容，增加实用性强的知识

针对外语学习实用性强的特点，在课程内容设置上，倾向于选择与实际生活密切相关的教学内容，改革原有的陈旧、与实践脱轨的教学模式和内容。做到内容新颖、方法多样、实用而具有现代气息，这样有助于提高学生的积极性，增强学习兴趣。

（二）增加社会、文化方面知识，突显专业特色

为了培养学生综合运用能力，在掌握语言知识的基础上，适当增加社会、文化方面的知识，让学生充分把握语言的使用场合和使用方法。在教学内容上，我们还适当增加经贸、实务等方面的知识，突出本专业特色，贴近学生实际，激发学生学习的热情。

（三）紧密联系实际，不断更新和完善教学内容

随着社会的日新月异的发展，语言也是在不断地更新、变化。因此我们在教学过程中除了书本中的基本内容外，也注重增加一些与时俱进的新颖内容，将信息同步地传达给学生，从而扩充学生的知识面，开阔他们的视野。

二、以学生为中心的日语教学模式改革实施

在班级里采取阶段教学，对于日语学习层次高，并且自主学习的学生，基本采取学生自学为主，点播辅助教学的手段。给予他们更充分地时间，同时定期检查学生的学习进度和学习效果。而对于大多数零基础的学生，采取耐心地教导，教学相辅。同时采取帮扶的方式，让有日语基础的学生辅助教学，形成立体式的教学。具体方法如下：

（1）假名的学习：学生要学习日语，首先接触的便是假名。日语假名类似于汉语中的汉语拼音，可以说不会假名，日语教学就无法展开。对于刚刚接触日语的学生，对于这种表音符号十分困惑，为此教师采取了同汉语拼音类比的方法，减削学生对假名的陌生感。同时，假名背诵起来也十分枯燥无味。所以，教师采取了假名单词同时背诵的方法。将一节课分成两部分，首先由教师先对本课的假名进行讲解，然后举出含有对应假名的单词，对学生进行打乱练习，强化记忆。这是一个长期的过程，即使在之后的教学中，都贯穿始终。

（2）日语发音的练习：对于说惯了汉语和英语的学生，日语的发音完全是一个崭新的领域。日语的发音较为平板，且口型较小，语速较快。为了训练学生的发音，教师在初期

配合了一些日语的绕口令，并且在课堂学生阅读时，进行语音的纠正。这需要学生长期的训练及模仿，非一朝一夕之功，所以教师将在以后的训练中加大学生的听度练习。在进行了一段时间的日语学习之后，教师又给学生推荐了一款日语配音软件。学生通过反复的听说，达到口语和听力的双重练习，并且在配音的过程中学习了更多的新单词，为本来枯燥的口语和听力学习增添了很多兴趣。

（3）互换角色：为了打破传统的教师讲、学生听的模式，充分调动学生的主动性，教师会经常跟学生互换角色。事先给学生布置预习作业，然后在课堂上与学生互换位置，让学生充当讲解的老师，而在学生讲解有疏漏和不足时，给予点拨讲解。借此加强学生的学习主动性和趣味性，更培养学生在众人面前说话的能力。

（4）角色扮演：对于每课的应用课文，教师采取让学生角色扮演的方法，分角色对课文中的情景进行再现。这样有利于学生在背诵课文的同时，减少枯燥乏味的情绪，调动积极性。

（5）日语配音：利用配音软件，让学生自己选取感兴趣并且难度适中的片段进行配音。并且由教师进行整理，将学生的配音作品进行评比。这样有利于激发学生的学习兴趣，并且易于使学生拥有成就感。

（6）课堂考试：经常进行课堂测试，作为平时成绩的参考。对每课的单词、语法进行考核。并且教师大胆尝试了让学生轮流进行批卷。这样，一份卷子反复看十遍以上，会大大加深批卷学生对考试内容的记忆。

（7）课堂游戏：采取一些游戏的形式，强化单词的记忆。比如顶针游戏，每个同学都要以上一名同学所说的最后一个假名为开头，接龙单词。一般这样的游戏都是在学生注意力普遍无法集中时使用，成效明显。

（8）知识点整理：随着学习的知识越来越多，学生掌握的也越来越多，在此期间有些相通相近的知识点，学生往往容易记混。为此，教师会帮助学生归纳总结一些相近或可以归类记忆的知识点，使学生将杂糅的知识点分类记忆，提高学习效率。

三、转变教师角色，构建以学生为主体的教学模式

（一）角色定位

有人说讲课就是教师在课堂上的表演。教师扮演的角色是主持人、演员、厨师、朋友。以往的"照本宣科"式的教学模式已经不能适应当今社会的人才培养需要，教师也不再是一个人"作战"，而是一个引导者，组织和指导学生共同发现问题、解决问题。因此，如何将"表演"变成"导演"是我们大学教师应该思考的问题。

结合在日本教学现场的执教经验及我国现阶段日语学习者所存在的听说能力低下的问题，笔者认为日语课堂的引导者即教师，首先应加强自身的学习，一般在日语入门阶段之后，课堂语言应尽量做到是全日文授课，教学内容要与时俱进，因为我们所面对的是90后的新时代群体，用原有老套的教学模式，并不能吸引他们，很难调动学生参与课堂活动的积极性。因此，在单词及语法讲解时，所列举的例文需经过仔细考量，不仅符合语法规

范，还要能与学生的生活密切相关。

（二）构建以学生为主体的多样化教学模式

（1）探索多样化的教学手段和教学方法。要上好一门课，教师还要采用各种教学手段和方法，配合着教学语调、手势等解释要点，尤其是在外语课堂教学中这一环节非常重要。我们倡导外语教学采用直接法，即外语进外语出，也就是说很少使用母语，直接用外语授课。这种方法实施的难度就是教师如何使用适当的教学技能和方法将新内容传授给学生。在这一过程中，教师就要做一名合格的演员，不仅可以吸引学生的注意力，还能有效地将要表达的意思演绎出来。在《基础日语》实践教学中，为突显外语教学特点，应更多采用启发式教学、场景式教学、学生主导式教学等全新的教学方法。针对学生个体的多样性特点，适当采用多媒体和网络教学等灵活多样的教学手段，将音声、图片、影像等多种形式运用到课堂中，丰富教学内容，同时适当运用网络同步的教学手段，将日本新闻中热点问题与课程内容相结合，进行分组讨论，集中发表。这种研究性学习方式不仅有助于培养学生阅读能力、口头发表能力、分析问题、解决问题的综合能力，还能调动学习的积极性、主动性，真正成为课堂的"主人"。

（2）提高教学技能，丰富课堂活动。教学技能包含演示技能和互动技能两方面。演示技能即感官性聚焦、案例公式呈现、实物教具展示。在基础日语教学中常被应用的是感官性聚焦技能（即使用一些刺激物，如图片、模型、幻灯片、在黑板上写信息等方式，保持学生的注意力）和实物教具展示技能。互动技能方面主要表现为：表达热情；表达关怀；激励学生；寻求共鸣；监控；提问；组织活动；反馈点评；幽默；培养批判性思维。其中的后两项是我们很多课程中多欠缺的。"幽默"是指使用有趣的行为语言，产生活跃气氛、引发笑声的效果。虽然有时也会采用其他方式来活跃课堂气氛，但是怎样使用幽默还是有些难度，所以在今后的教学中应该多学习一些能产生幽默效果的语言和行为方式来完善课堂教学。"培养批判性思维"是指培养学生勇于质疑他人观点的能力。这一方面，学生还处于被动状态，未能就一个问题进行辩论式探讨，今后在《基础日语课程》中应结合学科内容将此互动技能应用到课堂中，从而培养学生的应用和创新能力。

其次，丰富课堂活动方面，笔者在《基础日语课程》教学中借鉴在日研修期间习得的日本语言教学模式，试结合学生多样性的特点展开以学生为主体的教学模式探索。将以前的应试教学与应用型教学有效地结合在一起，采用启发式教学，把课堂还给学生，通过课前演讲，师生互动问答的形式激发学生参与课堂的兴趣和创新能力，收到很好的效果。以2012级学生为例，大二上半学期课前增加5~10分钟的日语演讲活动。首先，给出一些学生比较感兴趣的演讲话题，自拟题目撰写演讲稿（小作文）。其次，建议学生在演讲时采用多种形式。通过示范和引导，多数学生采用了多媒体手段，结合所讲内容事先做好PPT课件，在此过程中，锻炼了学生计算机办公软件的操作能力和资料搜集能力。还有的同学发挥自己的专长，用手绘画及舞蹈等多种形式进行演绎，有助于培养学生的创新能力。而下半学期则侧重培养学生跨文化交际能力。课前活动形式转变为介绍日本文化。通过一年的课前活动，使课堂气氛更加活跃，学生的主动性也有明显提高，使每个人都能尝试当课堂主人的感觉，积极参与课堂活动。与此同时还积极引导学生进行讨论式学习，借鉴日本的研讨式教学方法，这样更有助于我们推进启发式、讨论式教学和研究性学习。

由此可见，教学改革核心是课程，重点是方法，关键是教师。基础日语教学模式改革主要方向是把课堂交给学生，把灌注变为求知。通过有效的教学模式改革，形成"以教师为主导，以学生为主体，以能力为主线，以育人为主旨"的教学模式，使学生能够在教师的引导下真正地参与到课堂中，通过丰富的课堂活动使学生释放出巨大的学习潜能，提高听、说、读、写、译的应用能力，激发学生的创新精神和实践能力，培养出具有跨文化交际能力的外向型、复合型、创新型、应用型的高级日语人才。

第四节　"互联网＋"多元化日语教学模式

21世纪的今天，信息化技术在教育领域中进一步深化，"互联网＋教育"更为高校教育积极探索多元化教学模式提供了可能。高校零起点"互联网＋"多元化日语教学新模式可以按照如下流程构建：准备阶段包括在线资源整合、电子课件制作、微课视频录制、互动平台发布；实施阶段包括学生自主学习、生生交流答疑、课堂小组发表和课后作业完成；评价阶段包括教师评价、学生评价和小组评价。

21世纪的今天，信息化技术已经渗透到社会的各个方面，可以看出教育领域中的信息化变革正在进一步深化之中。在十二届全国人大三次会议政府工作报告中提出的"互联网＋"为现代大学教育的发展方向指明了方向。"互联网＋教育"使高校教育的生态环境得到改善，使高校传统教育焕发出新的活力，为积极探索多元化教学模式提供了可能。

一、现有理工院校日语教学的特点

众所周知，当今高等教育以培养具有综合素质的创新人才为目标，特别是理工科院校，更是注重对学生创新和实践能力的培养。而高校日语专业教学是从零起点开始的，相对于英语专业，学生在有限的时间内需要学习的内容更多，同时，理工科院校的日语专业学生又有着自己的特点：

（1）理工院校日语专业的学生大多是理科学生，在语言学习上并不擅长，且对于语言学习的积极性并不高，学生在学习日语的时候往往会感觉力不从心，学习效率较为低下。

（2）为了适应应用型大学的教育特色，在学分设置上大多高校不断增加实践教学学分，减少课堂教学学时。这直接导致日语专业出现学时不足，教学内容无法保质保量完成，教学方法单一，教学效果难以提升等问题。

（3）随着网络技术的普及和发展，在教学中使用多媒体技术、整合网络资源进行学科教学得到普及，然而，从网络资源的利用情况来看，目前还存在着很多问题：学生对网络平台的使用集中在QQ、微信等，对其他的网络平台使用率低；在网络学习资源的利用上，存在着盲目利用的现象，如学生倾向于使用百度文库、优酷等网站资源，而忽视了网络日语试听、阅读和在线词典等专业网络学习资源的使用。

"互联网＋教育"给理工院校日语专业教师提供了丰富的资源，为日语多元化教学模式提供了选择的可能。可以利用"互联网＋"所提供的庞大信息资源对教学内容进行补充，优化课内，强化课外，改变枯燥的传统课堂，实现全新课内课外的结合，引导学生发挥自主能动性，开展自我学习。

二、"互联网＋"多元化日语教学模式探析

（一）"互联网＋"多元化日语教学模型设计

综合日语课程作为零起点日语专业的核心课程，是集语言学习的听、说、读、写、译等多种技能于一身的综合课程。因此，要想在有限的学时内达到教学目标，更需要借助网络资源、课堂综合运用等方式把课堂内外结合起来。本节结合笔者所在理工院校的实际情况，尝试结合"互联网＋"的交互性特点，设计综合日语教学模式。相对于传统的网络资源平台的单一性，"互联网＋教育"视域下的教学模式依托优秀的网络资源以及最新的多媒体技术手段，通过使用移动设备（智能手机、iPad、电脑），实现随时随地的移动学习。

首先，要求学生课前充分预习。教师通过微信或QQ等通信软件，将事先整合好的网络资源及微课视频发送给学生，同时布置课堂小组活动任务。学生通过课下的碎片化时间提前预习知识点，同时在交流平台上把自己预习时遇到的问题以留言或者实时交流的方式与教师和同学交流、解答。其次，课上教师可以就学生课前交流时所遇到的共性问题进行解答，同时以个性化和小组合作的学习方式促进学生对知识点的深度运用。最后，教师根据课堂反馈在课后布置有针对性的实践作业，同时要求学生发布到交流平台。借助交流平台的共享和互动的特性，可以进一步深化教师引导、生生互改、生生讨论等多样化的互动教学方式。

（二）"互联网＋"多元化日语教学流程设计

（1）教学准备阶段。目前，国内有一些成熟完善且评价较高的日语学习网站。这些网站上不仅有丰富的学习资源，包括在线词典、考级词汇及语法、会话音视频、读解听力材料以及大量的在线新闻和练习等，还能够做到实时更新，为日语学习者提供具有时代感的生动的语言和前沿的日本文化资讯。需要注意的是，因为内容的丰富，学生常常把时间浪费在浏览、选择上。因此，教师需要根据教学实际，有目的地筛选和取舍，引导学生进行自主学习，使之真正对课堂教学起到辅助作用。此外，教师应提高信息化的教学能力，将课堂教学延伸到课外，可以制作电子课件，录制微课视频，以节省课堂教学时间，有效完成教学中重难点的讲解。

以"互联网＋"为依托的教学准备，打破了传统教学的时间和空间，有效补充了教学时间，同时也极大地促进了教师教学水平的提升，促进了教学团队的建设。

（2）教学实施阶段。布鲁姆曾说过，"成功的外语课堂教学应当在课内创设更多的情境，让学生有机会运用已学到的语言材料。"理工高校日语零起点、课时少等特点更需要日语教学从理论教学转化为实践教学。

通过自主学习和QQ、微信等平台的交流和讨论，大多数学生能够在课前掌握基本的

语法知识点，并在此基础上以个体或者小组的形式完成教师布置的课堂任务。在前期的课堂准备及学生反馈的基础上，教师结合翻转课堂和任务式教学理念设计课堂教学活动，以重点点评的方式解答分享平台上的疑难点，引导学生综合运用语言应用能力进行口语交流。

无疑，在以"互联网+"为依托的教学活动中，学生将成为课堂活动的积极参与者和完成者，而教师则成为课堂活动的组织者和监督者。这样的课堂教学，不仅实现了以学生为主体的课堂教学模式，同时通过课堂内外的联动又能为学生提供口语交际平台，实现理工院校日语教学理论与实践的完美结合。

（3）教学评价阶段。相对于传统的考试考核体系而言，以"互联网+"为依托的日语教学评价体系更能全面反馈学生的综合语言应用能力。根据学生在共享信息平台参与情况以及课堂教学活动中的表现，采取教学评价、学生互评、小组互评等多元化的评价方式，适当增加平时成绩的比重，能够激发学生学习兴趣，提高学生开展学习的主动性。

综上所述，"互联网+"多元化日语教学模式能借助互联网平台，使学生利用碎片化时间随时随地地学习，提高理工科学生的日语学习主动性；通过共享平台加强与学生的交流，引导学生开展自主学习、合作式学习，解决理工科院校日语教学课时少的短板。"互联网+"时代，机遇与挑战共存，"互联网+"多元化日语教学模式既给高校日语教师和学生带来了机遇，又给高校日语教师和学生带来了新的挑战。如何引导学生正确利用互联网？如何在使用互联网的过程中加强自我管理？这是值得我们长期研究的课题。

第五节　移动学习终端与日语教学模式

当今大学校园里，智能手机、iPad、平板电脑几乎成为人手必备的通信工具，基于这样的高普及率和方便实用性，如果能够建立一种教学模式，实现师生互动学习，对于日语学习来说是一项有益的尝试。

移动终端教学指的是运用移动网络技术、通信技术，通过科技终端，实现随时随地可学习的一种碎片化学习方式。移动学习具有便携性、个性化、实时性、交互性等特点。移动学习能够极大地发挥学习者的主观能动性，培养学习者强烈的学习动机和浓厚的学习兴趣。

一、移动学习终端应用于日语教学的可行性

（一）移动学习终端在学生中的普及

大学校园里，智能手机、iPad、平板电脑几乎成为人手必备的通信工具，除了作为人与人之间传递情感、沟通交流的工具外，在课下"自主学习"过程中也起到了举足轻重的作用。

（二）移动学习终端在教学上的优势

（1）传统教学的利与弊。作为非专业课的大学日语课程，在传统教学模式中，学习资源均以纸质教材为媒介，知识点以板书的形式呈现，授课形式是课堂教学中常用的"一对

多"讲授式。多年以来，这种教学模式在日语学习中还是有其必要性和不可替代性的。一方面，从发音开始讲授的基础知识部分，学生与教师近距离接触，有利于教师第一时间纠正学生的错误发音，时效性较强。另一方面，在多次修改教学大纲后，大学日语的课程缩减到三个学期，要在短时间内学完初级日语上册和下册的全部内容，就要对教材内容有所取舍。如何取又怎样舍，这个问题只有在课堂教学过程中，根据学生的真实反映定夺。现今信息技术高度发达，教学模式不断创新，传统课堂教学难免有些跟不上形势。

（2）利用移动终端学习的优势。变"被动学习"为"主动学习"，要从能够让学生"主动"的切入点着手，培养学生的兴趣，找到师生的共通点。移动终端设备便是信息技术背景下集"天时、地利、人和"为一体的时代产物。其一，移动终端设备的便携性。移动设备具有体积小、可随身携带、不受时间和地点限制、屏幕分辨率高、支持文本和动画、可播放视频及音频、可安装软件、可发送语音和视频信息等诸多优点，可以满足学生随时随地查询和学习的需要。而学生在利用手机查询的过程中，又实现了从"被动学习"向"主动学习"的转变。其二，利用移动终端学习的实时性。利用移动终端设备学习，可以随时随地查找生词、语法，获得最新的知识和前沿动态，从而弥补纸质教材内容陈旧、更新较慢的缺陷，做到与时俱进。其三，基于移动终端教学的个性化。如今市面上学习日语的软件有数十种之多，每种软件都有自己的独到之处，学生在完成课堂学习的同时，可自行在手机中选择满意的 APP 进行补充学习和温故知新，既突出重点又体现个性。其四，移动终端学习的互动性。只要有网络覆盖的地方，教师就可以利用智能手机这样的移动终端与学生建立"群"的联系，随时发布消息、分配任务，另外在情景教学方面也能为学习者提供高效的服务。

二、基于移动终端的教学模式

（一）信息交互式学习模式

目前网络上的沟通平台很多，在开展整体授课前，由教师创建群，并且作为群的管理者，每次上课前，在微信群里发布学习任务，由学生自行查阅学习资料或上网浏览得到答案，课堂上做总结和梳理。其优点在于：①学生课堂上往往因过于紧张不能好好思考或回答问题，通过群与学生建立联系，提前分配任务，给学生充足的思考时间，降低挫败感，提升成就感，为学生营造宽松的氛围，从而提高其学习热情。②学生有疑问也可以在群里联系或私信教师得到解答，真正做到因人而异，因材施教。

（二）基于浏览器下的外语查询学习模式

我国教育改革开始至今，从培养学生"学会"到培养学生"会学"，取得了长足进步。当代大学生的"学习力"日益增强，学生对于知识的渴求不仅限于纸质教材中的课程安排，更多学生有日语等级考试或出国留学或"想要学得更多、更好"的要求。在这样的"自我学习"模式下，对课外知识的汲取成为学生的迫切需求，移动终端设备，尤其是智能手机，是学生首选的学习手段。"自主学习"过程中，遇到难题时，可第一时间浏览服务器，找到答案，省时，省力，高效，使学习有序进行。

（三）基于可视通话交互的学习模式

大学日语作为一门基础语言学科，要完成的教学目标有：①基础知识。②听、说、读、写的基本技能。③实际运用能力。④社会文化知识。⑤文化理解力。⑥日语学习策略。⑦日语综合运用能力。⑧跨文化交际能力。⑨用日语完成各种任务。⑩综合文化素养。外语的学习要以"听"为起点，以"说"为途径，以"读"为媒介，以"写"为提高，以"译"为目标学习。作为第二外语的大学日语课程，与专业日语相比，课时少、任务重是目前面临的难题。为培养学生听、说、读、写、译的能力，除课堂教学外，教师利用课余时间，建立日语聊天群，定期展开热点讨论，答疑解惑，也可邀请日语外教参与视频，并实现多人同时视频通话，让学生听到最地道的日语，得到最满意的答复。这样可实现：①增强师生互动，拉近与学生的关系，建立深厚的信任和高涨的学习热情。②摆脱哑巴日语的局面，做到学有所用。③加快学习进度、拓宽知识面，更好地贯彻新版教学大纲的指导思想，培养更加优秀的外语人才。④实现学习资源共享，教师与学生共同进步。

三、对移动终端学习软件的要求及展望

目前学习者对市场上的 APP 有以下意见：①收费过高。②讲解不全面。③不够生动，很多语法就是语言点的罗列。④连贯性较差。⑤整体性不强。鉴于以上问题，亟待一款适合自主学习，性价比较高的日语学习 APP，其内容设计要做到以下几方面：第一，模块设计科学系统。由于日语专业的学生有其充足的理论学习时间（专业课时较长）、合理的课程安排（包括精读、会话、听说、写作等全课程）、人数众多的外教（日语专业会按照学生人数配比日本教师）、丰富的图书馆藏（我国各高校的日语专业均建有自己的日语图书馆，以方便师生查阅文献）、专业教室及日语角等有利的外围教学硬件，对日语学习 APP 的需要度并不高。恰恰是学习第二外语或业余爱好者会将注意力放在各类学习软件上。一个好的 APP 在每一课应该区分出若干区域。例如：单词板块、课文板块、习题板块、情景对话板块、关联知识板块等，合理布局学习内容，以方便学习者有针对性的学习。第二，精致度与画面感二位一体。学习界面的画质、创意、格局、内容分配，都要做精心的策划，不能单纯地罗列语法或照搬教科书。而如何做到精致，则需要软件编写者与美工积极配合，还需要大量的市场调研和走访，听取试用者的意见和建议。第三，关联性与整合性缺一不可。语言知识是一个系统的整体，每一次课的结束是下一次课的开始，要循序渐进地开展课程设计。此外，随着学习难度的加大，后期需要掌握的语言点越来越多，而学生的后期记忆也会出现断层，如果是传统的课堂教学，教师可以做回顾和梳理，带领学生温故知新。在 APP 中，为了弥补不能"温故"的缺陷，可以使用超链接，新知识中如果穿插着旧知识，通过简单的手指触屏即可查询加以巩固。第四，趣味性与知识性高度相关。手机 APP 毕竟不是必修课，没有授课计划，没有课堂教学。学习者只有对软件产生兴趣才能持续使用，并不断加深学习难度。如何做到趣味性，则是难点和重点。笔者认为，可以在 APP 中加入动画、动漫、精美图片及有声视频，并且可以加入一些趣味知识，以开拓学习者眼界，了解日本文化的方方面面。

期待在今后的大学日语课程中，能够切实用到更好的日语学习软件作有效的教辅，力求更完美地完成教学目标，培养优秀的日语人才。

第六节　输入理论与二外日语教学模式

随着中日两国经贸和文化交流迅猛发展，来华开拓商机的中小型日企，以及从事对日业务的国内企业数量呈快速增长趋势，例如上海外资企业中日本企业占比近 60%，超过 6000 家。企业急需大量日语交流和翻译人才，更有很多企业为应届生打开了出国工作的大门。此外，两国在旅游、文化交流等领域的互动也日益加深，越来越多的学生选择日语作为主修或辅修的外语。但是日语的教学环境与英语相比要差很多，无论是语言输入还是练习机会都十分有限。外语学习过程中必须保证充分可理解的语言输入，从而促使学习者对所学语言产生持续深刻的理性认知。语言学家克拉申的输入理论是研究外语学习的重要理论之一，本节将基于该理论分析日语教学中存在的问题及教学模式的创新。

一、外语学习的"输入假设"理论

外语学习因语言环境、投入时间以及学习者个人认知习惯不同，学习的策略和进度也各有差异。但有一条规律是被普遍遵循的，即学习者必须接受适量且符合其学习能力的语言输入，这条规律被众多语言学家的研究观察所证实。例如哈次和瓦格勒 - 高对个案学习外语的成功和失败原因进行分析，发现进步的学生获得了足够的与其语言能力相适应的语言输入，而不成功的学习者接收的语言输入大多是复杂且超出其语言能力的输入；我国著名外语教学法研究专家李冠仪教授基于其 50 多年的教学经验总结得出的心得是：在有限的篇幅内融入充分的，符合学习者当时语言能力的语言输入量，以保证学生获得足够的感性材料。而最早引起广泛重视的输入学理论是克拉申的"输入假设"。

"输入假设"的理论依据来源于儿童学习母语的实践研究，著名语言学家 Krashen（克拉申）将母亲教授儿童的语言称为"照顾者语言""照顾者语言"具有的几个特征是：照顾者说话的动机是被听懂，例如父母对小孩说话，是为了让小孩了解自己在具体在表达什么，指向什么，希望得到怎样的应答，而不是灌输语言本身的相关知识和技能；照顾者在与被照顾者讨论的一般是当下具体的对象，不会过多涉及超出被照顾着认知和理解范围的对象。但照顾者会根据被照顾者认知水平的提升，逐渐扩展语言输入的范围；此外照顾者与被照顾者之间对话的语言结构比成人之间对话要简单很多，但对话的频率相对更高。"照顾者语言"的特征与输入假设的印证点在于：照顾者根据被照顾者认知水平的提升，调整语言输入的内容、结构和频率，使之与照顾者的语言能力和认知水平相接近，即提供充足的可理解的语言输入，也穿插了下一阶段需要学习和认知的内容。

克拉申的"输入理论"中定义的理想输入应具备可理解性、相关且有趣、非固定语法模式以及足够但适宜的输入量四个特征。可理解的输入材料是被习得的必要条件，不可理解的语言输入无法与现有语言认知融会贯通，强加的印记存在时间极其短暂，甚至只是一种干扰和噪音；输入的语言的关联性越强、趣味性越强，就更能激发学习者的兴趣，因此需要对输入材料的内容和形式进行加工处理；语言学习最终目标是掌握使用语言的技能，而语言的使用没有固定的范式，因此语言习得关键在于保障充足的可理解输入材料，而不是按照语法安排死板的教学内容；最后，输入量必须充分且适量，在真正习得语言之前，需要经过反复和不同场景下的练习。

二、二外日语教学存在的主要问题

根据"输入假设"理论分析二外日语教学，存在的问题主要有以下几个方面：

日语语言环境欠缺导致语言教学可理解性不高。缺乏良好的语言环境是小语种教学普遍面临的困境，日语教学也不例外，学生在学习和使用时缺少本土气息的氛围。日语教师绝大多数是中方老师，汉语教学在授课中经常出现，尽管很多学校和老师已经意识到沉浸式教学的重要性，逐渐尽可能地使用日语授课。但由于教学过程还停留在书面化的传统阶段，无论是教师授课还是课堂活动都过于形式化和编排化，因此这种教学和互动本身就需要经过复杂的思考和"刻录"才能在短暂的联系中表达出来，与实际自然理解和交流存在本质区别。此外，围绕"教材"进行的教学，严重制约了学习者对日语相关知识的拓展，学生缺乏对语境的理解，包括社会、文化背景等。因此学生对日语的认识和使用是机械化和程序式的，没有养成日语思维，在实际交流中容易紧张，严重影响进一步的学习。

教学内容和活动关联性和趣味性不强。尽管日语教学越来越这种互动式和场景化的实践，但实际操作过程中却没有达到预期的效果，课堂活动的关联性和趣味性不强。例如教师和学生的互动对话被一问一答取代，教师按照教材的教学计划往前推进，不停地向学生提出"懂了没？""什么意思？""翻译一下？"等问题。学生处于不对等的对话中，容易失去自主性和积极性；按照理想的"照顾者语言"，照顾者会持续观察被照顾者的习得水平变化，持续优化输入内容和形式，并注入适量强关联新内容。而二外日语课堂学习时间有限，复习或者拓展学习主要依靠学生自主学习。课堂上教室为了增加学生的自主性和积极性，也会留出大量时间给学生自主学习和互动。但在缺乏有效引导和规划下，学生自主学习和计划的内容的关联性和递进性都很不理想；课堂小组活动缺乏周密的计划和设计，一方面小组活动往往只提出一个主题，却没有明确的计划和指向，具体的沟通交流由学生自己发挥，而大多数情况下学生是不会提前进行充分准备的。另一方小组的划分比较随意，实际讨论中习得水平较高的学生往往比较活跃，占据主动，而习得水平落后的学生则几乎没有充足的发挥空间。

有效语言输入量不足。外语学习必须要经过持续积累的有效语言输入，并在持续的运用中转变为技能。二外的选择一般都是基于学习者自身定向发展规划或者兴趣的需要，选择日语作为二外的学习者对日本文化有强烈的认同或对日工作有非常明确的规划。但与英语从小以来系统化、阶段化的持续输入不同，二外日语学习专业训练时间有限，而现有课堂教材和课件无法在短时间内将充足的有效语言输入都囊括。特别是面对不同习得水平的学习者，标准化的教学模式和计划无法为每一位学习者提供匹配且足量的语言输入。

三、基于输入理论的二外日语教学模式研究

针对二外日语教学存在的问题，结合"输入假设"的理论指导，本节认为通过以下几个方面改进二外日语教学模式：

（一）创造良好的语言学习环境

良好的语言学习环境无疑实践"输入假设"理论的必要条件，而在现有的先进教学技术和丰富教学资源下，构建更加完善的日语语言环境比以往要轻松很多。首先应改进课堂的学习环境，提升教师"照顾者语言"的运用能力，即教师应更好地了解学生每一个阶段的语言习得状态，及时调整自身的语言技巧、语言结构和教学计划，从而确保学生每一阶段接收到的语言输入都是符合当下认知水平以及吸收新内容的吞吐能力水平的。在此基础上，教师应当充分使用日语进行教学和沟通，尽量避免中文交流，从而保证在学习计划内的教授内容能够被最大频率重复，并不受其他语言干扰的情况被学生认知和吸收；其次，为延续有效语言输入，应当创设更多日语相关的校园学习和交流环境，例如日文动漫社团、定期的日文电影赏析、日文歌唱比赛等等。校园日语语言环境假设应当保罗万向，从最简单的儿童学习资料到复杂的日文商务交流资料，目的是为了让学生在课堂上学习到的语言知识点能够在课后被经常提起和运用。同时也确保了不同学习层次的学生能够找到相应的学习小空间。

（二）开发智能化和系统化的日语学习资源数据库和学习软件

根据"输入假设"，理想的语言输入具有强关联性和趣味性的特点，而其实现需要人为对学习内容及相关辅助资料进行整理，并按照语言习得的阶段规律进行系统化编排。尽管目前已经存在巨量日语教学的学校资料、互联网学习资料以及社会培训机构资料，看似丰富全面，但对于个体而言，梳理出适合自身学习习惯的完整系统化资料是非常困难的。基于现代化的计算机技术和网络技术，二外日语教学的教材以及辅助资料可以通过专业化的梳理和编排，打造成一套贯穿始终，互相关联且多媒体化呈现的结构式的资源数据库及工具箱。首先从关联性上看，可以将标准化教材与辅助资料编排到统一的学习软件中，教师教材大纲作为学习的基本主线，而学生可以根据自身吸收情况在软件中进行适当调整。每一个学习阶段或者知识点，在软件中都可以关联到相应的发散学习内容，如语言背景、场景案例等，也可以同步进行测试和沟通训练。学习软件智能化地识别学生的学习进度和学习成果，并推送已经设定好的新增内容以及相关辅助资料，从而发挥了"照顾者语言"的作用；从趣味性上看，通过影音视频、社区活动、真人交流等现代化的教学内容和工具，能够让学习者在半虚拟的网络环境中充分浸入日语体验空间，从而将练习和学习带入到对日语环境下参观、赏析、游戏、交友等活动中，摆脱枯燥乏味的词句和语法的学习。

（三）注重日语文化的融入

学习外语最大的难题在于文化干扰，母语下固话的思维方式和表达方式对外语学习形

成阻碍，二外日语学习过程中受到母语和第一外语的双重干扰。在相同量的语言输入和练习下，在日本本土学习日语比在国内学习日语要地道很多，其中重要原因是学习者在纯正的日语文化下，能够真实深刻地感受到语言如何与当地文化、习俗、心理等之间的关系。因此，比较两个具有相同语法和词汇知识结构的学习者，在日本本土的学习者在表达时能够更好地在语气、心情、神态等方便表现出纯正气质。因此对于国内二外日语教学而言，应当重视对日语文化的融入，引导学生更多地了解日本的历史、文化、社会习俗等等，特别是具体到当下日本特定区域、特定人群的生活习惯、价值观念等。从而将学习到的日语知识点与对日本社会的理解更好地融合，进而使得语言交流更具有精神内涵，而不是单纯理解表达内容和目的的工具。

第六章　日语语言文化教学

第一节　日语语言教学中文化的内涵和导入

一、日语语言教学中文化的内涵

（一）认识日语教育中的文化教育

（1）逐渐深化的文化认知过程.语言学家 Bvram 提出了文化表象这一概念。"文化表象"是指通过学习目的语而形成的外国的社会文化认知，只是目的语的社会文化中的一个部分。"文化表象"随着学生外语学习的不断深入而逐渐深化。在日语语言教学中，学生从教材中接收到有关日本的社会文化信息。而这些信息使教材编写者从不同的角度和立场来选择的日本社会文化信息，也就是说，教材中的文化信息影响了文化表象的形成。然而，实际上一个国家的文化全貌很难通过特定的教学内容全面地展现给学生。文化认知是通过不断地深入理解后，才能形成的属于"个人"的文化认知。

（2）基于我国外语教育政策的文化教育。日语教育中的文化教育是根据我国外国语教育政策的教学目标选定的文化信息内容。在《高等院校日语基础阶段教学大纲》（2001）和《高等院校日语高级阶段教学大纲》（2000）中分别指出："针对基础阶段的学生，在教学中应当渗透涉及；针对高年级的学生提供的课程主要包括日本史、日本概况、日本经济等课型，主要内容有历史、地理、风俗、政治、经济等。"从政策中的措辞可以看出日语教育中的文化教育是从宏观的角度涉猎日本的社会文化知识。可以说这些文化知识仅仅是日本文化的冰山一角。

3.多元化的文化教育。外语教育中的文化是多元化的，包括学生的母语文化及目的语文化。在日语教育中学生首先涉及的文化内容是学生容易接受的中国文化。随着日语学习的深入，日本文化内容逐渐通过例句、文章等形式习得。此外，近年来被广泛强调的以培养跨文化交际能力的外国语教育把外语教学的重点放在解决两种文化冲突，即文化教学的重点是两种文化间的差异，而不是任意一种特定的文化。

（二）文化教学对日语教学的重要性

语言是文化的重要组成部分，又是文化的载体，每一种语言都与特定的文化相对应。要学好语言，就必须了解和适应语言所表达的思想体系，以及涉及的风俗习惯、交际系统等。文化不同，语言表达自然不同。就像日语表达中敬语使用频繁，敬语使用是否正确往往成为判断一个人教养高低的标准，然而日语的敬语体系较为复杂，学生在使用经常存在障碍，所以教师在教授敬语表达的同时，更应当引导学生理解复杂敬语体系背后所包含的日本文化特征。正是因为日本文化集团意识中的内外意识和传统纵向型社会中的上下关系的影响，才形成等级分明、体系冗繁的敬语体系。

学生只有理解了敬语所包含的文化内涵，才能正确地使用敬语，可见不同语言表达背后都包含深刻的文化内涵。由于不同民族的文化、习俗、心理意识、思维方式和价值观念都存在很大差异，所以对于外语学习都会存在交际障碍和困惑。因此一个好的日语教学过程应当不仅教授不同语境下日语的语言表达，还应该引导学生领会不同语言表达背后的文化内涵，使学生在对其文化的理解中加深对语言现象的领悟。只有将语言教学和文化教学互相渗透，才能达到提高学生语用能力的目的。

（三）日语教育中文化教育的新尝试

传统的课堂以"教—学"的模式展开，学生作为信息接收者接收信息，教师主要是教授给学生特定的文化知识。在整个学习过程中，学生没有任何的思考和认知的过程。从认知学的角度来说，对于日本社会文化的认知是随着学生学习的深入而逐渐深化的，而通过特定知识的教授是无法实现的。下面我们将分阶段分析不同阶段的日语教学中文化教育的教师、学生及教学的侧重点等诸多因素。

初级阶段的日本社会文化教育还停留在知识的介绍层面上。这一阶段对于不熟悉的外国文化学生需要一段适应的过程。因此，可以通过中日文对照的方式来学习日语的语言表达，并且在日语习得过程中让学生意识到语言表达方式上的差异，从而产生认知日本社会文化的兴趣。这一阶段的重点是从语言表达的差异入手帮助学生意识文化差异。

高级阶段的日本社会文化教育重点应该放在帮助学生摆脱母语文化背景和日本文化背景，把自己置身于客观的第三方来认知两种文化间的差异。这一阶段中学生是在两种文化背景下，站在第三方的立场上客观地认知中日文化间的差异。这种认知活动可以通过培养学生文化批判性思维来实现。在课堂活动中从引导学生发现传统日语教材中出现的文化信息的问题点，反思学生个人对于日本社会文化认知存在的问题，从而寻找到正确的认知途径和方法。这些对于日本文化的认知活动都是在教师辅助下进行的。

二、日语语言教学中文化的导入

（一）日语教学中文化导入的必要性

（1）有助于激发学生兴趣。文化背景的涉入有利于激发学生的学习兴趣，调动学生学习日语的积极性和主动性。在教学中有效地导入文化背景知识可以使整个教学过程变得丰富，有助于激发学生学习日语的兴趣，满足他们语言学习的要求，进一步增强对日语语言的感受能力。因此，教师在教语言的同时结合文化背景、文化内涵方面的知识输入。教师采取有效的途径和方法，加强日语教学中文化知识的教学，对于调动学生学习日语的积极性和主动性、提高学生交际能力有着重大的意义。

（2）有助于促进学生语言应用能力的提高。文化背景知识的积淀有助于促进学生语言应用能力的提高。一定的文化背景知识可以促进学生的交际能力，有益于培养学生综合语言应用能力。日语教学不仅要重视语言知识的输入和听说读写等技能训练，更应该注重其文化背景知识的涉入，提高学生的综合文化素养，培养学生的跨文化交际能力。从而使学习者用日语进行日常交流时，能准确领会对方的话语、观点和态度，并能根据话题、语境、文化背景做出得体的反馈，清楚地表达个人意见、情感、观点。

（3）避免语用失误。避免语用失误，提高学生跨文化交际能力。尽管中国和日本两国有源远流长的交流历史，但由于两国间的社会制度、意识形态不同，两种文化在思维方式、生活方式、道德观、风俗习惯、宗教信仰、价值观念等很多方面都存在较大差异。文化背景不同，即使语言准确无误，有时也会产生误会。了解和掌握日本社会文化知识能够增强学生对中日文化差异的敏感性，避免因文化差异而产生误用，从而提高跨文化交际的能力。

（二）日语教学中文化导入的具体内容

（1）词语文化。词语文化指词语的指代范围、情感色彩和联想意义，以及某些具有文化背景的成语、谚语和惯用语。正如上文中所说，词汇积淀了丰富的文化，是对文化特征最直接最迅速的反映。它包括以下方面：内涵零对等词；两种语言之间字面意义对应而语言概念不对应或不完全对应的词语；语言概念意义对应而文化内涵意义不对应或不完全对应的词语。文化差异在这三类词语上体现最突出，涉及面也最广泛，最容易造成言语较集中的理解偏差和大量的语用错误。因而这三类词语是文化导入的重点。

（2）话语文化。任何个人的言语活动都是在一定的文化传统的民族思维模式的制约下进行的。话语受文化的影响和制约主要表现在三个方面：(1)话题的选择；(2)话码的选择，即用什么方式、什么风格来谈论某个话题也是受文化因素制约；(3)话语的组织，即话语的句法结构、话语的模式。日语注重意会，强调语言环境，因此语言结构松弛、富于弹性，需要利用当时当地的语言环境和相互共知的信息、共有的观念去理解。认识到话语由于文化差异而不同，会有助于学生了解母语文化中有哪些模式在日语中不会为日本人所理解、所接受，在实际使用中就会迅速地使用日语所应用的句法模式。

（3）非语言文化。人际交流通过语言行为和非语言行为两种形式进行。非语言文化并不直接影响语言的表达，但在实际交际中起着非常重要的作用。因为这种身体语言同样能交流信息、表达思想、传达情感等。因此它也是文化导入中的重要内容之一。它包括衣着、表情手势、体态、姿态和眼神等。例如，日本人点头哈腰，在中国人看来是一种对上级或权力者的阿谀奉承，而在日本却是一种基本的社交礼仪。日本人在办公室时不时会提裤子，这让女同事非常反感，其实在日本这个动作是表示精神抖擞迎接工作的意思，相当于中国的"挽起袖子大干一场"的含义。

（4）加强对母语文化的导入。迄今为止，先行研究中论及的文化导入强调对目的语文化的习得，而忽视了联系学习者本身的文化背景。实际上，导入母语文化也是非常重要的。这里所说的母语文化在本书中指的就是中国文化，其意义有以下两点：①不同文化的比较可以更准确地把握一个文化的本质。而比较的基础在于对两国文化的了解。所以笔者认为为了更加深入地探讨日本文化的普遍性与特殊性，在讲授日本文化的同时，还应该和学生探讨中国文化的特性。例如敬语，不同语言中敬语的表达方式虽然各不相同，但是敬意表现却普遍存在，并非日语独有。教师在讲授日语敬语的时候，导入中国文化，让学生反思中文中的敬意表达方式，可以提高学习的效果。②本名信行提出日语教育应具备日语语言、日本文化、本国文化三大要素，由此提出了在日语教学中导入本国文化的重要性。笔者赞成本名信行的观点，因为外语学习的最终目的不是单纯掌握外语，而是跨文化交流。一个成功的学习者，可以在第一层面上突破自身文化的局限，通过对目的语语言及文化的认识，与对象国的成员进行自由、流利的交流；然后在第二层面学习者与对象国成员进行正常的交际的同时，发出自我文化的声音，使交流成为双向的。

（三）日语教学中文化导入的方法

（1）解说法。解说法也称注解法，是指教师结合所讲授的内容对相关联的背景知识如风俗、习惯等加以解释，尤其是对一些日语中独特的语言现象所体现的文化特质进行详细的说明。这种方法可以利用语言教学中的一切能被利用的时间和空隙，随着语言教学的进展文化，背景的解说教学也可以同时深入到相应的程度。既可以用于某种文化现象的解说，也可以概述有关文化内容。这样有助于学生掌握恰当的交际文化。解说法可以从两个方面进行：①词汇的发展和沿革，即解说词汇的语源本意及派生意思。②介绍有关段落文章的背景知识，既达到了加深异文化理解的目的，也培养了学生的推测能力。即利用学生所掌握的背景知识以及常识，主观性地开展内容的预测，推测未知或者难以理解的语句。

（2）实践法。实践大致可以分为课余实践和出国研修实践两类。课余实践顾名思义就是指意在为学生开展第二课堂活动及涉外企业、饭店实习以配合课堂教学，通过具体的语言实践帮助学生了解日语的文化知识。而出国研修实践则是指国内各类高等院校通过本国的正规中介机构和日本的一些事业、企业单位进行互助协作。这是目前各类高校开始实行的一种新型的语言实践活动，由国内高校选派出去的研修生通过研修实践在能提高语言交际能力，学习先进管理理念、经验的同时，更能亲身体验、学习日本文化，在真实的语言环境中提高跨文化交流的能力。因而不失为一种有效的文化导入方法。

（3）文化对比法。所谓文化对比法是指比较中日语言中文化的内涵从而理解语言的方法。通过比较词汇的文化内涵、语言运用的文化背景发现异文化的共同点和相异点。学者们把文化比作大海里的一座冰山，能看见的只是露出水面的那一小部分，而构成文化的那一主要部分却隐藏在水下，为人们所不知。但潜藏的部分才是给语言交际造成障碍的重要因素。对于学生而言，文化上的共性较为容易掌握，而对于差异或个性，往往缺乏了解，易造成交际失误。从心理上讲，学生对相同的事物容易了解，对于相异的事物较感兴趣，而且容易记住。而文化对比法是探寻文化干涉要因的好方法。

采用文化对比法，将目的语文化和母语文化的某些差异进行比较导入，可以从三个方面进行。①日本有但中国没有的；②中国有但日本没有的；③中日两国都有但有差异的。具体可以通过说明比较、道具比较、事例比较的方式。说明比较是指通过解说、讲解等方式，让学生理解语言文化的不同点。道具比较是指对道具如图片、卡片、图表等进行比较的方式。而事例比较则是把自己或者周围人经历的事情或者经验作为事例进行比较的方式。

当然文化对比法也不仅仅局限于日语中的文化与中文文化进行比较，也可以与欧美文化进行比较。只要是能够促进日本文化的理解与何种文化做比较都不受局限。

（4）利用现代教学手段。一直以来，传统的日语教学使用传统文字教科书，在教室里以黑板和教师的说明为中心的传统教学方法，已经不能满足学生迅速提高日语的迫切需求。多媒体和网络技术对提高日语教学质量作用显著。在教学中，要充分利用丰富多彩的网络教学资源，作为教材的适当补充，拓宽学生的视野、增强学生学习兴趣、培养学生自主学习的能力。日语传媒有大量形式各异、内容丰富的涉及政治、经济、文化、教育等多方面的社会话题的资料。利用多媒体网络技术，采用让学生看图片、录像或电影等能反映日本文化的多种形式的教学手段，使学生直观地了解日本社会的风土人情、人际关系、思维方式等社会文化知识，增强学生日语学习的爱好，提高其听说能力和准确运用日语进行交际的能力。

以上文化导入的方法可以因地制宜地单独使用，或者多种并用。但是需要注意的是文化导入在外语教学中固然重要，但要恰到好处地运用。导入的时间、导入的量都要适当而合理，避免使日语课变成日本文化介绍或中日文化比较课。文化导入也要注意实用性，即针对教材内容和学生的日常交际的需要。如果所学的语言文化知识与日常所需密切相关，与能力的提高密切相关，那么，学习动机就会变成强大的动力，学生的学习兴趣将会大大提高，学习效率事半功倍。这需要教师不断摸索和经验积累。

总之，在日语教学中，语言与文化之间的联系是非常紧密的，我们应该加强语言与文化背景之间的关系的探讨，并使之系统化、理论化，形成新的教学方法和理念，帮助学生在有意识的语言习得同时，掌握必要的日本文化，从而使跨文化交际变得顺利通畅，使学生能在语言表达上更加得体，日语教学收到较好的效果。

第二节　文化介入对日语教学的意义及应用

语言是文化的一种重要载体，是文化的基石。每种语言都传递着不同民族、不同的社会文化背景。语言与文化相互依存，密不可分。在日语教学中，介入日本文化，让学生充分理解所学语言所蕴含的社会文化背景，才能促使学生真正掌握日语，提高学生跨文化交流能力。

任何一种语言都是由生活在一定言语使用区域中的人们在特定的语境下，通过书面语或者是口语的形式相互交流而产生的。并且使用这种语言的人们，自然也会在语言中融入他们的历史、文化、社会背景等因素。当前各大高校开设日语专业，不仅仅是让学生掌握日语的词汇、语音、语法规则等知识，而是重点培养学生应用日语进行跨文化交流的能力。而成功的语言交流，除了要具备丰富的日语语言知识外，还需要掌握日语语言中隐含的大和民族文化背景知识。本节中，笔者结合自身教学经验，针对日本文化介入对日语教学的意义及应用进行了相关探讨。

一、日本文化对日语教学的重要意义分析

文化能够反映出一个民族的全部生活方式，文化与语言相互依存，相互辩证。语言记录文化，传播文化；文化为语言创造和表达提供可能，文化决定语言的发展方向，促使语言带有浓厚的民族特色。学习日语也离不开对日本文化的了解，大和民族漫长的历史对日语的形成和发展起到了决定性的导向作用与制约作用，因此学习日语必然要学习日本文化。

二、日本语言中所体现出的文化特征

日本的民族文化处处体现出日本人的人际交往理念、为人处世的方式方法等，甚至影响了日语惯用语的表达方式。日语的各方面都渗透着浓厚的日本文化。具体表现如下：

（一）日本文化与外来文化的融合

自古以来，日本民族都具有崇拜强者、无条件追随强者、锐意进取的心理特点，在文化发展过程中，日本民族一方面保留自己的传统文化，另一方面还积极摄取外来文化，并将其与自身文化相互融合，继而创造出属于自己的独特文化。例如中日关系的文化交往在隋唐时期达到顶峰。由于当时的隋唐王朝经济发达、政治开明、文化先进，是世界上最为强大的国家，因此日本积极学习并引进大陆文化。但在鸦片战争后，中国综合国力不断衰弱，西方欧洲各国成为日本追捧的国家，日本大规模吸收西方文化，追赶英美技术，同时日本还继续保留自己的传统文化，取长补短，从而最终形成了汉语、和语和外来语三种语言为一体的日语语言文化局面。

（二）寒暄问候语丰富

在人际交往过程中，日本人的寒暄问候语丰富，除了常见的"你早""你好"等用语外，日本人还喜欢围绕天气、季节等寒暄一番，借此来营造和谐氛围。

（三）语言表达比较委婉模糊

日本人深受"和"意识以及"以心传心"思想的影响，他们极其重视语言的委婉、模糊表达，以希望给周围人保持和谐、愉快的交谈氛围，即使自己交谈的内容不和对方心意，也要尽量做到不引起对方的不快。因此，委婉的谢绝、留有余地的承诺、巧妙的暗示以及似是而非的回答等都是日本语言的一大亮点。

三、日语文化介入日语教学的措施分析

（一）提升教师的日本文化素养水平

要想提升学生的日语学习和对日本文化的了解，首先需要加强教师的日本文化素养，教师要积极转变教学观念，具备现代化的教学思想，不断丰富自己的异国文化知识，广泛了解异国的政治、经济、艺术、建筑、文学、音乐以及宗教等，尤其是要注意流行的日月学刊、外来语、流行语等，掌握日本文化的变迁等。唯有这样，在开展日语教学活动时，

教师才可能收放自如，增强日语教学的有趣性。

（二）上课尽量采用日语直接教学的方式

传统的日语教学方式以教为主，师生互动较少，学生兴趣也不高。为了重新燃起学生的日语学习兴趣，教学活动必须讲究一定的艺术性。教师要结合学生实际的日语水平以及兴趣爱好，精心设计教学方案，并采取灵活多样的教学方法，语言富有吸引力，并尽可能采用日语直接教学方式，为学生营造日语学习氛围，举例恰到好处，给予学生充分的思考空间，调动学生的积极性，让学生主动参与课堂教学。

（三）通过课外阅读文学作品或者网络，丰富学生的日本文化知识

文学作品往往是该民族精髓文化的重要载体，是传统文化的重要积累，最生动、最直接、最丰富反映了该民族的文化背景、性格特征、行为方式、社会交际以及丰富习惯等内容。因此教师鼓励学生大量阅读日本著名的文学作品，不仅可以丰富学生的语言知识，还能够让学生了解更多的日本文化。此外，由于网络技术的快速发展，教师也可正面引导学生，在网络上搜集相关日本文化资源，让学生不断积累日本文化背景以及社会习俗等相关知识材料。

（四）充分发挥日语外籍教师的作用

语言学习离不开交际环境，由于学生在校学习日语，缺乏日本文化和语言环境，也很少有机会能够与日本节进行交谈，日语外籍教师是学生最先接触、也是接触最多的日本节。因此日语外教要多和学生讲解日本的社会情况、文化生活等，讲亲身体会，让学生学到更多课本上无法学到的文化知识。

（五）采用比较法进行日语教学

将中日语言中文化的内涵进行比较，继而学习日语是有效的教学方法之一。例如可以比较词汇的文化内涵、语言应用的文化背景等，找出中日文化之间的差异，帮助学生更好、更快、更准确掌握日语知识与应用。在比较时，可以从日本有中国没有的、中国有日本没有的、中日两国都具有但有差异的内容入手，可以借助语言解说、图片展示、图表对比等方法，让学生切实掌握日本文化的内涵。

综上所述，语言是人类进行交流的主要工具，它含有浓厚的文化特色，由于各个民族文化存在较大差异，仅仅依靠语言知识的掌握还不能满足轻松自如的交流需求。日语教学不仅注重语法知识的传授，还需要注重文化的渗透，唯有这样，才能够让学生掌握原汁原味的日语。

第三节　日本文化在日语课堂教学的应用

语言和文化是相互影响、相互制约的关系，在学习语言的过程中必然需要学习该语言的文化背景。中日两国虽然是一衣带水的邻国，但由于两国的地理位置、历史进程、风俗

习惯、思维方式、社会制度等的差异，因此日语和汉语两种语言的文化背景也迥然不同。只有深刻了解了日本文化才能真正学好日本这门语言。

一、日本文化应用于课堂教学的重要性

（一）改变现状的需要

从大学毕业的日语学生，甚至有许多是已经通过了日本语能力考试 N1 的学生，进入企业工作后仍然不能熟练地使用日语进行交流，究其原因之一就是对日本的文化认识不够。所谓的日语能力，不仅仅是发音、词汇、文法等的组织表达能力，它更是跨文化的交际能力。教师在课堂的教学中也往往注重单词的讲解、文法的说明、练习的解答，而忽略了文化背景因素在语言交流中的重要作用，对语言的学习和表达造成了障碍。

（二）高效学习的需要

学习日语的学生都有这样的困惑：单词难以记忆、文法难以理解、课文难以背诵，于是就不得不花大量的时间死记硬背，如果在学习的过程中加入日本文化的学习，把一部分记忆变为理解，就可以大大提高日语的学习效率。

二、日本文化应用于课堂教学的具体方法

（一）词汇层面的文化应用

在学到《大家的日语 1》第 5 课时，主要学习的就是日语中乘坐交通工具的表达方式。其中就有一个单词是「タクシー」（出租车），刚好那时网络上有出现某女教师滴滴打车失踪的新闻，于是有学生就问"日语中黑车怎么说，是「黒タクシー」吗？""不是的，在日语中黑车是「白タクシー」简称「白タク」。"难道日本人黑白颠倒吗？这时学生难免有这样的疑虑。这是因为在日本出租车车牌是蓝色而私家车的车牌是白色的，所以偷偷拉人的私家车就称作「白タク」。

（二）句型层面的文化应用

教师在教授「～てくれる」这个句型的时候，一般的解释都是"用在别人为自己做了某事的场合下，表达一种感恩的心情"。但是在《新编日语教程 2》第 23 课会话文中，当王小华谈及到鉴真渡海去往日本时，藤原说了这样一句话「日本のために尽くしてくれたんですね」（为日本用尽了全力）。上千年前的鉴真和藤原本没有任何交集，但这里却也用了「～てくれたんです」（为了我）。这里就清晰地折射出了日本人的内与外的思想，日本人的内与外在不同的场合它指的范围和含义是不同的，在会话文中藤原说话的对象是中国人，所以藤原是站在日本国家的立场来说这句话的。

（三）思维方式层面的文化应用

在《中日交流标准日本语中级下》第 32 课中有「割引」（打折）这个说法，很多学生一听到「2 割引」，想都没想就说"打两折"，但其实在日语中是"打八折"的意思。所以

思维方式的不同，理解的时候会产生很大的差异，教师在这些地方都应该做适当的讲解，以免造成误解。

三、日本文化应用于课堂的途径

（一）解释说明法

在教学过程中，直接针对某个问题用日本文化对其进行解释说明，以达到加深理解的效果。例如所有学习日语的学生在初级阶段都会学到日本人用「さん」来称呼别人，以示尊敬。但细心的学生就会发现，日本人一般都用「姓＋さん」来进行称呼，而不是用「姓名＋さん」来进行称呼。这时教师就有必要对日本姓氏的由来及现状进行解释。古代日本人是没有姓，只有名，到了明治维新时期，政府规定国民必须要有姓，所以绝大部分的姓都是日本人自己给自己取的，现在日本人的姓已经超过十万，平均下来一个姓只有几百人而已，在日本小学一个班 30 人，几乎找不到相同的姓，所以日本人只依靠姓就可以进行区分人与人。

（二）中日对比法

在教学过程中，涉及中日都具有的事物或习俗时可以用对比法进行讲解，这样有助于学生记忆。例如中日同使礼仪之邦，都喜爱使用寒暄语同熟人打招呼。中国人最常用的是"吃饭了吗？"，而日本人最常用的是「今日は寒いですね」（今天好冷啊）「今日もいい天気ですね」（今天也是个好天气啊）等和天气相关的用语。究其原因，是因为中国有"民以食为天"的思想传统，人们最关心的就是吃饭问题；而日本是个岛国，受到气候的影响因素大，天气的好坏直接影响到他们的农耕和打鱼。

（三）模拟场景法

在学习会话文的过程中，教师可以充分利用多媒体教学设备，播放情景视频，并让学生模仿表演，在表演过程中切身体会日本的文化。例如在学到日本人拜访新邻居这个片段时，就可以选两至三名学生，分别扮演拜访者和被拜访者，投影仪上可以播放日本人的家庭环境作为背景，从敲门、寒暄、送礼到表达感谢各个环节，从肢体动作、面部表情到日语用语各个侧面，学生边表演，教师边观察指正。

综上所述，日语教学过程中应该把语言的学习与文化的应用有机地结合起来。这样不仅可以提高学生的文化素养和语言交际能力，也可以丰富日语课堂、增强教学效果。在这一过程中，教师不仅应该深入研究教授法，如何教好学生日语知识，更应该提高自身的日本文化休养，把日本文化很好的应用于课堂教学中。

四、文化教学理论的应用

传统教学词汇和语法是最典型的自上而下的教学输出内容，Moran 的文化教学理论与这部分教学相融合以学习教材和教师讲授等被动体验为切入点，由教师引导式对话或提问或者情景创设等，进行构建个人体验，这种扩展过程与之前的经历和知识相互反应得出新的看法和认识。在对话或情景创设的过程中，学生会有自己的思考和联想，实际上就是对行为、情感、价值观的反思，将语言表层意义通过文化体验层层推进，"文化冰山"下的隐形文化知识也渐渐浮出。

结合 Moran 的文化教学理论，授课教师应进行系统分析，确定每个文化教学项目分别属于文化要素（文化产品、文化实践、文化观念、文化社群、文化个体）的哪一类，文化内涵（文化信息、文化实践、文化观念、文化自知）的哪一项，文化教学（认知内容、认知方式、认知原面、认知自我）的哪一阶段，然后再决定运用哪些教学活动来推动语言与文化教学。值得注意的是，并非所有的文化要素总是能呈现在文化内涵的各个层面，授课教师应灵活对待各个教学项目，选择适当的教学活动，尽可能达到最佳的教学效果。

（一）教学案例一

1. 教学项目解析

以词汇教学为例，日语教材中对词语的标注通常都是汉字、假名、音调以及词典意义。通过教科书学生非常直观地了解了一个词的基本含义，但这并不等于掌握了这个词的所有的背景意义。比如"旅館"一词，属于文化要素中的文化产品，而探讨出"旅館"一词反映出的日本社会属于文化要素中的文化观念，我们需要用到认知内容方面和认识原因方面教学活动。

2. 文化教学过程

认知内容：在学习教材上的基本释义之后，要求学生对这个词进行造句，学生给出的句子是"旅行に行く時、旅館に住んでいます。"这里教师进行反问，有过旅行住旅店的经历吗？住的什么样的旅店？你觉得你住的旅店用中文里的"旅馆"这个词进行表达合适吗？学生给出的回答是，一般住 200 左右价位的旅店，认为自己住的更应该叫作"宾馆"而不是"旅馆"。进一步发问，为什么有这种想法，"宾馆"和"旅馆"到底在你的印象中有什么差别。学生回答"宾馆"更加正规，统一化管理，而"旅馆"给人印象是私人开设的，更加小型的住处，更加实惠或者更有特色的地方。这是学生的分析已经准确阐明了汉语中"宾馆"与"旅馆"两个词的差别。教师继续引导发问，那么大家认为日语中有没有这种差别呢？很多喜欢看日剧的同学会脱口而出说出"ホテル"这个词，这正是比较的关键。教师予以肯定，中日语言中"宾馆"和"旅馆"，确实可以在一定程度上对应"ホテル"和"旅館"，但是存在着差异。接着给出"旅館"一词的日语释义。《広辞苑》"旅行者を宿泊させることを業とする家。主に和式の構造設を持つものにいう。"这里我们需要关注的是释义中"和式の構造設を持つ"这一部分。

认知原因：大家开始讨论什么的构造和设备是和式的呢？传统的房屋，包括玄关、拉门、走廊、庭院、榻榻米，传统的服饰和服，待客方式，传统的食物等，学生间的相互讨论传递了各自的想象和信息，同时激发了思考和表达的热情。这时，教师播放视频《花开物语》中关于"旅館"在日本到底是什么样的一种住处，通过视频学生不仅了解到房屋、服饰、食物这些显性文化，更是了解到了传统日式旅馆的待客方式以及文化背景这些隐形文化。

3. 教学反思

教学过程由浅入深地引出"ホテル"和"旅館"差异，学生进一步修正了原有的认知图式，了解到日本社会"洋式"和"和式"的并存，比如饮食有"洋食"和"和食"，服装有"洋服"和"和服"，囊括了衣食住行中的三大部分。这一社会现象与历史进程紧密相关，是明治维新后西方文化的进入与本民族文化融合的结果。虽然极普通的一个名词，通过挖掘深层次的文化内涵使学生对社会文化背景的认知进一步拓宽。

（二）教学案例二

1. 教学项目解析

《中日交流日本语》初级下册第 26 课的应用课文标题为"握手とお辞儀"，体现了中日两国截然不同的两种见面打招呼的方式，属于文化要素中的文化实践，运用认知内容方面和认知方式方面的教学活动展开课堂教学。

2. 文化教学过程

认知内容：首先理解课文的基本意思，对话内容就是初次见面的自我介绍的寒暄语，但情况却颇为微妙。一位中国人和一位日本人初次见面，日本人习惯鞠躬致意，而中国人伸出了手，这时日本人慌慌张张地与其握手。如果采用传统的教学方式，除了说明中日见面打招呼方式不同，并没更多可讲的。这里教师请两名男同学来演示，不仅要台词还要表演出动作和尴尬的情绪，两名学生一上台课堂气氛就活跃了。虽然对话场景简单但是是正式的商务场合，教师首先要求学生端正站姿、严肃表情，学生开玩笑地说"我没有穿西装"，实际上也是对商务场合的合理联想。台下学生看得不亦乐乎，表演开始，两名学生完成了基本动作，但是鞠躬的动作很不标准。

认知方式：教师引入礼仪文化部分，说明正确的鞠躬姿势：鞠躬时首先身体站直挺拔，脚尖稍稍打开，眼睛看着对方，然后从腰到背到头处要保持笔直地前倾，前倾时速度要适中，到合适的角度停住保持一定时间，之后抬起头身体收回。大家试了一下，发现没有想象的那么简单，动作的不标准又引发一阵阵哄堂大笑。借着活跃的课堂氛围，教师指出大家的出错之处，告诉大家控制好自己的身体认真对待，并带着恭敬地态度向对方表示礼貌和友好，才能做出真正得体的鞠躬。

3. 教学反思

鞠躬是日本的礼仪之道，已经融入到了日本的家庭教育中，表现出对他人的尊敬也是自身良好修养的体现。我们所说的话、体现的姿态和表现出的行为都是语言的一部分，反映了对文化的了解和认同程度，因此与日本人打交道的第一步不仅要会说"初めまして、よろしくお願いします（初次见面，请多多关照）"，还要按照对方的礼仪礼节进行接触，留下良好的印象。

语言与文化密不可分，语言教学必须在文化教学的大视野下进行。授课教师在开展文化教学理论的实践过程中应把握几方面的原则。首先，从整体把握整学期的教学内容，根据制订的单元教学计划安排教学活动，教学活动突出锻炼听、说、读、写等某一方面的能力即可，不可面面俱到。其次，教师需要多研究多思考教学内容的输出方式和呈现形式，根据场景需要进行角色扮演、表演、辩论、写作等教学活动，将文化教学和语言教学充分结合。再次，不同的教学活动中教师承担着不同的角色，认知内容阶段教师是教学内容的拥有者、调查者和提供者；认知方式阶段教师是教练和榜样，告诉学生做什么和怎样做；认知原因阶段教师是向导和合作者；认知自我阶段教师是倾听者和共同学习者，分清各个环节里教师与学生的主次作用是将文化教学理论的作用发挥到最大的前提。

文化教学理论下的日语课堂是一种研究性的教学，通过文化教学理论框架对每个教学项目解析并组织教学活动。该教学模式使得语言教学不再是分散的知识点，而是可以串联起来并通过不同的教学活动加以体验，语言与文化结合在一起的课堂。这样的课堂教学过程趣味性更强，师生间、学生间互动频繁，顺利消除了语言实际应用过程中心理上的紧张和焦虑，学生在接触到与自己不同的价值观时能够客观对待，思辨能力和文化包容能力得到提高，为以后进行跨文化交流奠定了基础。

第四节　中日文化差异及其在日语会话教学中的应用

文化受宗教信仰的影响也较明显，这种影响在其语言中也当然地反映出来。日本文化是多元的，反映在日本民族对待宗教的态度上就是宽容的，上帝、佛祖、神灵同在，多宗教相安共处。日语习语中有不少反映基督教的习语，如："求めよさらばあたえられん""正しき者は悩み多し"等，也有大量的佛教用语，如："仏の顔も三度""逢うは別れの始め"等。另外，日本毕竟是以神道为自主宗教，故有关神、神社、神器等的习语更是数不胜数，如："神の正面仏のま尻""神は非礼を受けず"等。本节主要从中日文化差异进行及其根源分析着手，举例说明其在日语会话教学方面的应用。

一、中日文化的差异

（一）历史文化的差异

历史文化指的是由特定的历史发展进程和社会遗产的沉淀所形成的文化。由于各个民族和国家的历史发展不同，因而在其漫长的历史长河中所沉淀形成的历史文化也不同。古代日本文化受中国文化影响之深不用赘言，然而任何一个国家和民族都有其独特而具体的历史发展脉络，日本的历史毕竟不同于中国。在表达同样意思的时候，中日两国的习语由于历史背景的差异、历史典故的不同，故而反映了各自独有的文化传统特色。例如：同样是对心目中偶像的赞誉，日本人会说："花は桜木、人は武士。"樱花是日本的国花，象征着美；武士在日本江户时代，作为一个统治阶层曾登上了政治舞台，达到了它辉煌的顶峰。故日本人认为：花中以樱花最出色，人中以武士最高洁。而中国人则赞叹："人中吕布，马中赤兔。"吕布是东汉末年的一名武将，非常勇猛，并擅长弓马，人称"飞将"；赤兔为吕布所骑之骏马。故中国人会说："人中俊杰数吕布，马中之骏数赤兔"。

中日颜色和数字的联想，宗教信仰，历史文化虽然存在着文化差异，但这种差异并非跨语言、跨文化交际不可逾越的鸿沟。准确把握这些文化差异形成的原因，对于我们全面认识中日文化差异，进行切实有效的跨语言、跨文化交流，有着重要的现实意义。

（二）生活及社会交际中的差异

日本人生活中有很多公式性的问候语，例如：早上起床后，家人之间要互相问候"早上好"；出门时，要对家里的人说"我走了"，在家里的人则要说"你走好"；回家进屋后要说"我回来了"，家里的人则要说"你回来了"；吃饭之前要说"承蒙款待，我吃了"，用餐后要说"承蒙款待，我吃饱了"；晚上睡觉之前要说"晚安"；下班的时候，同事之间要相互说"您辛苦了"等等。

在日本人的生活中，此类问候语可谓时时处处皆有。与日本相比，中国人的这类公式化的客套问候就少得多了。对于中国人来说，关系比较亲近的人之间是不需要客套话的，如果使用了，反而给人以生疏的感觉。特别是在家庭中，中国人几乎不使用任何客套话的。如果家庭成员之间使用了"谢谢"这个词，那么一般表明两者之间发生了什么矛盾。汉语中也有一句公式化的问候语，是众所周知的，那就是"你好"。但是，这句话，与其说是问候语，倒不如说是一句交际用语，它一般用于初次见面的人之间，关系亲近的朋友之间是不使用这句话的。换一句话说"你好"是关系生疏的人之间的一句问候语。

由此看来，中国人的问候语实际上是一种交际会话，没有一定的格式，是根据不同时候的具体情况和心理状态进行的，和日语中的程序性和程式化的问候语有着根本的不同。但是，不管采取什么形式"问候语"是一种使人际关系趋于良好的交际手段，在这一点上，日本人的公式化的问候语和中国人的灵活多样的问候语其作用是相同的。

二、中日文化差异的根源

（一）世界观

世界观影响了我们认识的方方面面，因此它影响了我们的信仰和价值系统以及我们如何思考。一种文化的价值观可以视其为核心。拉里·A·萨莫瓦等人在书中讲到，世界观是指一种文化对神、人类、自然、存在的问题、世界和宇宙、生活、死亡、疾病以及其他能影响其成员观察世界的哲学问题的价值取向。

例如，中日文化中都包含了"耻感文化"，两种文化都重视名誉，知廉耻。知耻改过是中国传统美德之一，历来被视为"立人之大节""治世之大端"。而由于受武士道精神的影响很深，日本人在遭受挫败或受辱后的表现则比中国人偏激许多。即使在现代的日本社会，政界、商界、各种阶层、各种领域，在蒙受耻辱或有不洁之名后，仍有很多人采用自杀以做了结，以求得到舆论的宽宥。又如牡丹有"国色天香"的美誉，中国人视之为国花。因为自中唐以来牡丹就逐步积淀为富贵繁华、生活荣盛的象征。而日本人把樱花选定为国花，因为樱花花期虽短，却开得绚丽多姿，从南到北，轰轰烈烈。日本人正是崇尚樱花这种精神，认为人生虽短，也因像樱花那样，轰轰烈烈地干出一番事业。

（二）家庭结构

中国有很多俗语都与家有关，比如："家和万事兴""积善之家，必有余庆；积恶之家，必有余殃"。这些俗语都体现了家庭的重要性，以及家庭对其成员的影响力。拉里·A·萨莫瓦等在《跨文化交际》一书中阐述了家庭与文化关系的四个方面：性别角色，个人主义与集体主义，年龄和社会技能。

中日在家庭结构方面类似的很多：比如男性一般在家庭中居主导地位；对长者要尊敬；从小就接受家庭教育要与人为善等等。但在家庭财产继承制度上却有着明显的不同，这一点值得注意。

所谓家庭继承制是指一个文化模式中的家庭用什么样的方式把家庭资源传递给家庭的后代。中国家庭财产实行诸子均份制，而日本家庭实行一子继承制。日本的那种传统'家'制度和观念构成了他们垂直的'亲分子分'的特征；而中国传统家族继承制度使中国人具有系谱观念，形成其社会行为中的"差序关系"特征。

三、中日文化在会话教学方面的应用

如果不重视将中日文化对比引入教学中，那么在日语会话中就会有很多的不当之处。比如中国人见面常问"吃饭了吗？""去哪了？"之类的话在日本人看来这样的问候是十分失礼的行为。日本人见面常用「お出かけですか」「今日はいいお天気ですね」等问候语。再比如日本人在日常对话中为了表示礼让，说话人一般不将自己的态度和想法直接说出来，而是采用迂回的、委婉的、含蓄的或留有余地的语言表示出来，这种表现在日语里被称为"婉曲表现"。日本人在日常会话中多采用这种形式，这是由日本人的暧昧性决定的。他们很少直接回答是或不，当要拒绝别人的要求时，直接说出来恐怕伤害对方的感情。而中国人大多数以坦率为美德，一般会先说结论，直截了当回答对方。因此在日语会话教学中，一般要和学生重点强调避免直接使用「だめですか」「無理です」等这类的词语。一般可用「あとで」「いい」「もういい」「せっかくですが」等词语来委婉地表达拒绝的意思。

两国文化不同，在交流中使用的肢体语言也大不相同。比如日本人在说话过程中有随声附和、频繁点头的习惯，在日常对话中平均几秒钟就会出现一次。这在中国文化习惯看来是谦卑或肯定对方的表现，但在日本这只是说明他在听你说话，是日本人与人交流时的一种普遍习惯。

第七章　跨文化日语教学策略

第一节　跨文化教学概述

一、跨文化教学

语言是文化的载体，语言也是交际的工具。语言规则是语言学习的基石，但是仅掌握语言规则并不意味着同时就能进行很好的交际。学习语言不仅是要学习语言规则，更重要的是学习语言文化。语言文化是指由语言形成的文化，包括文学、科学、哲学等有一定价值的语言作品或者创造这些作品的人类的活动。广义概念下的语言文化还包括语言本身。语言的文化内涵在语言交际中发挥着重要的作用。

（一）关于语义语境

语言是通过语言符号来表达的。在语言表达过程中，声调、语气等可以增添语言规则的含义，隐喻、谐音等语言中固有的文化内涵也可以表达特定语境中的语言深层含义。这些构成一种语言文化特征的一部分。

（二）关于间接言语表达

语用学的研究成果表明，人们在表达意图时在一些特定的场合（又称语境）会选用不同的词汇或句子，例如使用暗示性语言、参照性语言、主张或要求等表达方式。为了理解这些表达方式，需要了解说话人的态度、普遍的价值取向等。这些价值观、道德观、伦理观、态度、信念、取向等也就构成民族文化的本质特点。也就是说，语言不是孤立存在的，通常是在一定的语境中发挥着直接或间接的作用。

对于直接言语行为的了解是语言规则教学的重要任务，而对于间接言语行为的了解就与语言文化的教学密切相关。例如，汉语中有"说曹操，曹操到"的典故。如果从字面来理解这句话，可能就会误解这是关于曹操的话题，而实际上是借用历史人物表述一个话语内容。说话人和听话人必须都了解这个典故才能准确进行交流。因此，学习一种语言必须加强对该语言文化内涵的学习。单纯从语言规则的角度去学习日语，恐怕难以妥善运用这些表达方式，也难以理解和体会使用这种表达方式时人们的心理。

（三）关于日语中的暧昧表达

日语语言的特点之一就是语言的暧昧性。

日本人常常委婉地表达自己对事物的看法，因此语言中大量使用省略、否定、之否定、推测等婉转表达方式。对一些可以直接表述清晰的问题也委婉地说明，这是源于日本价值观中的"互为依存"观念。正是这种"互为依存"观念的存在，才使日本民族的集团主义意识浓厚，遇到问题不会直接将个人愿望强加于他人。

（四）关于日语表达方式的多样性

日语的语言表达方式多样，使传递同样一种语言信息可以采用多种方式。日语语言表达方式的多样性不仅体现在表示请求的固定句型使用上，还包括说话人的状况、目的、愿望、场合、主题等多种形式。与直接表达相比，隐晦、婉转、间接的表达更多，而且有时还将多种表达方式根据语境组合起来使用。

（五）关于日语表达的情感抑制

由于使用外语进行交际时人们普遍存在的"犹豫"的心理特点，也决定了语言表达过程中会使用一些特定的表达方式，语言学将之称为"发话犹豫"。日语语言在这一方面的语言特征非常明显，在交际中经常使用。对于日语学习者来说，需要通过对日本文化的理解来掌握这一语言特征。对以日语为母语的人们表达习惯的调查表明，通常在开始会话之前，他们会用语言或视线等非言语行为为开始会话做准备，不会突然切入话语主题，有时还要询问听话人是否方便，会注意到绝不给对方增加负担。

在表述话语主题时，也会考虑到听话人，对内容复杂的事件会用语言提示主题，设置一个停顿，让对方先对话题内容有大致的了解再进行详细说明。也就是说，日语的会话具有以不给听话人增加负担为前提，不断确认听话人的反应，逐渐地、分阶段地表达的特点。

这种对听话人接受语义程度的顾虑和观察，一方面会抑制表达的直接化、言语化，导致交流中大量使用言语省略，通过表达内容之间的内在联系达到言语理解。避免使用直接的否定回答，不得不表示反对意见时，如在网络、短信等交际方式中，通常先不表示出反对的意见或态度，而是先说出自己不同意的理由，进而让对方理解自己的反对态度，避免强硬的判断语气让听话人不容易接受。另一方面，会话中期待对方不断应和，寻求促进话题深入下去的语境。日语表达的这种心理倾向也是我们通过学习必须掌握的。

（六）关于日本人的肢体语言

在语言交际中，除了用文字符号表达的语言外，非言语行为的表情、动作、姿势等也可以传递言语信息，起到交流的作用。例如：日本式见面礼不是拥抱，不是握手，而是互相鞠躬；当日本人在会话即言语交际中频频点头时，并不是完全表示对所听到的话语内容的赞同，有可能只是代表正在注意倾听。这些动作所表示出来的内涵也需要通过对民族文化的认识来理解和体会。我们在学习语言文化时，常常会以文化翻译的形式来理解异文化。然而，就像人们在翻译外语时总是去找寻词汇或语法上的等价物一样，事实上这是完全不可能的，完全等价的语言翻译就是"不翻译"。

语言的形成是不同民族在不同的生存环境下，从不同的角度来观察客观事物，从而形成的概念系统，文化所包含的道德、人情、价值观等在各个民族的文化表现上也呈现出不同的特征。受人们对异文化的理解与接受程度制约，在跨文化交际中也会出现各种交际结果。

　　语言的交际功能、语言的民族性和社会性以及文化性决定了日语在表达时，在表达心理、表达习惯、表达方法种类等方面与其他语言有显著差异，也就是说用日语进行交际时，不单是要灵活运用语法规则，还要理解和掌握日本式交际心理导致的日语表达方面的差异。因此，通过学习日本文化可以促进学生的语言理解和言语应用能力，扩展学生的知识结构和认识问题的方法。而且，通过学习日语，了解和认识日本民族和日本社会，还可以为理解其他民族文化提供认识论和方法论，从而为了解世界打开一扇窗户。通过语言学习达成跨文化的理解是日语教学的目标之一。通过语言学习提高文化素养，提高审美情趣是日语教育的目标之一。脱离语言文化研究日语教学，必将是局限于对语言规则教学的研究，难以达成语言理解，更谈不上语言交际和应用，是不完整的教学研究。

　　跨文化学习的心理过程通常分为三个层次来：跨文化接触、跨文化理解和跨文化交际。跨文化知识教学与跨文化技能教学的中心在于跨文化的理解与交际。为此，我们学习跨文化理解与交际就是为语言理解与应用服务，促进语言知识与技能的学习。

二、跨文化教学要点

（一）异文化接触与认识

　　日语教学是通过教科书进行的，学生不能深入异文化环境去亲身体会。这种经验是二元的，属于间接经验，同时还受到经验来源渠道的制约。教材、影视剧中文化的信息含量是有限的，受内容或目的的制约，还会出现片面的、个别的、根本不能代表日本文化的信息。即使是这种有限的或是片段的信息还存在着能够被知觉的和不能够被知觉的部分。因此，文化信息接收渠道和能够获得的知识量限制了学生对日本文化的完整、准确认识，需要在教学中由教师有意识地补充。

（二）跨文化理解

　　信息来源渠道会制约我们对异文化的认识，同样也会为跨文化的理解带来困难。造成理解困难的另一个原因就是学生对本族文化的认识程度和态度。

　　如果在文化理解过程中，自我文化意识过强，文化的迁移就难以实现。全盘否认本族文化，认为"别国的月亮比自己国家的圆"，一味地接受也会造成跨文化理解的困难。因为，这种态度本身就是放弃比较、放弃分析、放弃发现的态度。因此，理解异文化需要我们有合适的认识态度，全盘否定和全盘吸收都不会有助于对异文化的理解。

　　此外，日语是很有特色的语言，富于表现力，在平淡无奇的语言形式中包含着丰富而深刻的内涵。而且，日语中存在着大量习用的、固定的格式和说法，借助语境能表达种种言外之意，不了解这些语言规则所蕴含的交际心理，也就不理解日本社会的交际文化。而把握这种语言规则使用的语境，就属于文化理解的学习。在教学中往往更注重对语言现象、规则的指导，忽视这些语言规则所蕴含的文化背景介绍，也就造成语言规则运用不自然情况的发生。

（三）文化迁移

在教学中，经常会出现学生文化迁移困难的情况。主要原因是对异文化的态度冷漠，认为语言学习只要学会了词汇、语法等语言规则就可以了，至于文化的学习不重要。抱有这种认识，就很难从文化的角度去理解"为什么这种场合日语的表达方式会是这样"之类的问题。实际上这对语言知识学习极为不利。另外，文化迁移困难也源于对日本民族或日本这个国家抱有成见，有排斥心理，始终以批判的态度学习，造成文化迁移的困难。

（四）异文化知识的来源

在非日语环境中开展日语教学，通常语言的文化信息主要来源于间接经验，如书籍、报刊等。因此，对异文化的认识不可避免地受到间接经验的传递者（作者）的影响。

每一位作者在介绍一个观点或感受时，或多或少地带有个人的、主观性的特点，可能只是在某一特定场合下的特殊体验，因此，这种体验的客观性就有待确认。如果我们不加分析地全部以"拿来主义"的态度接受，就可能带有认识的片面性，不能够完整准确和真实地认识异文化，感受异文化。

此外，专业日语课程中的日本文化课程通常对于日本社会、风土人情、历史地理、文学等方面的学习较为重视，对于交际心理方面的学习以及日本式的世界观等介入很少，导致学习者所掌握的都是片段的、笼统的认识，而这方面知识正是语言应用中言语交际规则性的知识，不容忽视。所以，课程设置以及学习者对于语言文化学习的重视程度低导致对日本文化理解的片面性。

第二节　跨文化日语教学模式构建

外语教学很重要的目的是进行跨文化交际。不同文化背景的人们产生交际障碍的原因有诸多方面，文章以跨文化交际教学理念为引导，以日语教学为例，将文化引导与语言教学相结合，探讨构建跨文化日语教学模式策略，以期对促进外语教学能起到积极的推动作用。

在中外跨文化语言交际中，不同地区、不同民族的人们会因生活习惯、思维方式、价值观念、心理活动等文化方面存在的差异而产生交际障碍，如果在跨文化交际过程中处理不当，会产生误解，导致交往不能顺利进行。因此，在外语教学中培养能顺利和外国人沟通和交流的跨文化交际人才至关重要。这就需要以跨文化交际教学理念为引导，构建跨文化外语教学模式，在传授语言知识的同时融入对象国的文化知识。本节试以日语教学为例，从中日跨文化交际中的文化障碍、传统教学模式导致学生跨文化交际能力缺失、以及如何构建跨文化日语教学模式策略三方面进行探讨。

一、中日跨文化交际中的主要文化障碍

（一）词汇习得中的文化障碍

中日两国同属汉字文化圈，中国人学习日语时，会面对很多用汉字标记的词汇，这对两国文化交流及语言学习者来说，有利有弊。这些日文中的汉字虽然与汉语相同或相近，但意义却不尽相同。比如汉日同形词就是如此。日语中存在一些与汉语词形相同的词汇，其意义有些与汉语完全相同，有些词义有差异，而有些词义完全相反。汉日同形词在语义及语用上存在微妙差异，有时会给两国的语言学习者造成交际障碍。有时还会产生母语负迁移现象，用汉语的知识去理解汉语词汇。这就造成了以汉语为母语的日语学习者混淆这些词义而导致误用的发生。再如由联想产生的差异有时也会导致交际障碍。如外国人听中国人说"望子成龙"时，经常感到疑惑，因为他们认为"龙"是非常可怕的，而中国人则认为龙是神圣的，是权力的象征。在比如中国人用"老"称呼他人表示一种尊敬和友好，"老王"可能只有三四十岁，而"王老"则可能是一个七八十岁受人尊敬的长者。而日本接受的是西方文化，特别是女士的年龄是个人隐私，称呼中有"老"，会被人理解成岁数大。因此，在跨文化交流时，双方不能按照本国的风俗文化观念来揣度对方的交际行为，否则极有可能出现误用或误解。

（二）跨文化交际中的语用障碍

语用学研究的是影响语言行为的标准和支配话轮的规则。语言行为包括招呼、回答、应酬、劝说等。在称呼、介绍、拜访、拒绝、道歉、寒暄、赞扬等社会场景中，不同国家和民族的礼节和习惯除了肢体、行为等副语言外，往往体现在有声语言表达上。特别是日语在这方面划分得很详细，几乎每种场合都有很严格的规范。由于中日两国文化背景不同，交际中往往由于语言使用不得体而发生误会。而语用障碍是大多数跨文化交际失误的重要原因。日本人讲求以心传心，在相同的文化背景下，即使话不说完也能体会对方要表达的意思，于是就产生了很多省略或暧昧表达，如"ちょっと……"这种省略表达往往表示委婉拒绝而无须说明理由，听话人也会明白对方的态度。"すみません"既可以表达道歉、还能表示打招呼，有时甚至用来表示感谢。如果不注意不同场合使用的细微差别就会产生误解。而中国人则喜欢打破砂锅问到底。在交际中日本人看来是不言自明的事情而中国人非要问出个所以然来，就会导致交际中的尴尬、不愉快的发生。所以，要想真正理解和恰当地使用一门外语，仅仅懂得构成这门外语的发音、词汇和语法是远远不够的，而是在掌握词汇、语法的基础上加强对语用的理解，才能在跨文化交际中取得成功。

二、传统日语教学模式分析

目前中国的日语教学大部分是上大学以后零基础教学，所以语言基础知识的传授就显得非常重要。这样一来也产生了一系列问题。首先是过分强调传授语言知识。很多高校在课程设置上偏重于"读"，如精读课程或基础日语课程，在类似课程上把学习词汇和语法当作日语教学的全部，"听"和"说"等语言交际技能训练所占课时很少，这也是造成学生交流能力低下的原因之一。其次是教学方法的问题。老师在课堂上主要讲解词汇和语法知识，重视对词和句的理解，不太重视对上下文语境和文化导入。上面提到的语用就包括对上下文语境的把握。再者是不重视培养学生的跨文化交际能力。传统的日语授课过程如果缺少语言交流技能方面的训练，或没有适当导入与日本或日语相关的文化内容，学生往往学到的是死知识，一旦需要运用时就会产生畏难情绪，导致交流很难顺利进行。另一方面，很多高校没有考虑日语专业的特殊性而导致在课程设置上产生偏差。我国绝大部分高校的日语专业学生是零基础学习日语，课程设置不能按照英语的惯例。如果一味地减少课时量，那么用在专业学习上的时间就会大大缩短，教师利用仅有的课时只能教授基本的语言知识，根本无暇顾及跨文化交际训练。这也是影响日语专业学生跨文化交际能力低下的重要原因。

上述这些问题的存在给我们的启示是：要认识到语言与语用的密切关系，教授学习者在交际中运用语用策略消除歧义，提高跨文化交际的能力。下面试图提出几点构建跨文化日语教学模式的策略，以期对日语教学提供帮助。

三、构建跨文化日语教学模式策略

作为语言教师，特别是教日语的教师，不可能脱离日本这个国家和日本民族的文化背景来孤立地传播日语语言知识，而应把与日本相关的文化、日本人的行为习惯、心理特征等融入语言教学的各个阶段。文化知识的传授在语言教学中的作用至关重要，如能很好地结合语言教学，提高学生跨文化交际能力，对促进外语教学能起到积极的推动作用。为此，构建跨文化日语教学模式成为教学改革的关键一环。

（一）教师应转变教学理念，调整教学内容

首先要转变教学的基本理念。日语本科阶段的基础教学不能只停留在语音、词汇、语法等层面上，有些学生发音标准，词汇量也很大，语法也几乎没有错误，但是在真正交际场合也不一定能成功而有效地进行交流。因为语言教学不仅仅是教语音、词汇、语法等语言知识，还应对其语言形式、文化背景、语言环境等进行认知和语用分析，充分创造外语环境鼓励学生多用外语交流。

其次要调整教学的内容。我们处在中国特色社会主义新时代，这个社会需要大量的跨文化交际人才。因此，高校日语的课程内容应做出适当调整，以适应新时代的需要。我们不仅要注重听、说、读、写、译等语言技能训练，还要引导学生多读日本节学作品，了解日本的历史和文化，同时还要具备深厚的中文基础知识和对中国文化的充分了解，只有这样才能在以后更好地做好文化外宣工作，真正成为中日友好交流的桥梁。

（二）进行课堂教学改革，引导学生提升跨文化交际能力

日语教学的目的不仅仅是让学生懂得一门语言，而是培养学生在实际的语言环境中能准确地理解日语、恰当地使用日语表达自己的思想，最终达到跨文化交际的目的。传统的日语课堂是以教师讲授为主，主要采用以教授语言为目的的、以语法讲解加翻译练习的"语法翻译法"进行教学。课堂上除了有些教师让学生发言以外，很少或几乎没有使用日语进行实际交流的机会，因此一旦到了要使用日语的场合，学生就会因为没有实战经验而导致交际不顺利甚至失败。我们认为日语课堂教学模式改革可以从以下两方面入手。

在课堂上实现两个转移。第一是转移课堂教学的中心。现在都提倡以学生为中心的翻转课堂，"以学生为中心"分别是以学生学习效果为中心和以学生学习需要为中心。在将课堂教学中心转移到学生这种翻转模式中，学生在课堂上思维会更加活跃，学生在课外的学习投入也会增加。第二是转移教学的重心。由原来"知识传授"转向"引导交际"。教师可以采取语境教学法、交际语用教学法等构建外语环境，在以学生为中心、以交际为目的的教学活动中，开展师生双向的教学信息互通，培养学生的自信，激发学生的热情，提升他们创造性运用语言的技能，从而提高跨文化交际能力。

将先进科技设备引进课堂也是教学改革的重要一环。以前教学手段单一、课堂教学形式固定化，通过多媒体教学，能够解决上述问题，同时还可以实时更新教学内容、为学生提供更多的语言背景知识。另外还可尝试利用现在流行的微课、慕课等新型教学模式提高教学质量，获得良好的教学效果。

（三）增加多种实践机会，使学生在实践中提高跨文化交际水平

一是可以引进日本原版教材、小说、杂志、漫画、报纸等各类图书资料。让学生身临其境地体会活的日语，近距离感受日本人的内心活动，提高学生的文化感受性，以利于跨文化交际的展开。二是争取多种机会开展国际交流，积极引进高素质的日籍教师和日本留学生。我们一方面要提高日语教师队伍的自身素质，另一方面要大力开展国际交流，如延安大学与日本九州外国语学院合作开展的学生海外实习基地项目就是一个很好的例子。通过到日本企业实习，可以走进日本社会，接触实际的日本语言，更深刻地了解日本文化，大大提高了学生的日语运用能力。三是可以多组织各种日语课外活动，给学生提供良好的实际语言环境，比如组织开展日语配音大赛、日语演讲比赛，高年级学生还可以模拟各种陪同翻译场景、模拟商务谈判、组织外语文化节等活动，使学生尽可能地参与到跨文化交际的实践中去，调动学生学习日语的积极性，给他们以成功的交际体验，做到扩充知识与培养跨文化交际能力并举。

第三节 跨文化交际与日语教学

经济全球化盛行的今天，跨国文化交际日渐频繁。提升跨文化交际能力已然成为日语教学的重要组成部分。本节通过对跨文化交际能力的概述介绍，进一步提出了目前日语教学理念和教学模式的落后、教师综合素质需要提高以及语言沟通实践环境有待改进等现实问题，旨在分析日语教学中跨文化交际能力提升的策略，为后续相关问题研究提供参考。

随着全球化不断发展，国际合作交流愈发密切，中日贸易合作亦愈加频繁。在此情况下，日语人才需求量自然增加。这对我国高校日语人才培养质量提出更高要求。如何在日语教学中提升跨文化交际能力，成了社会关注的重点。

一、跨文化交际能力概述

（一）跨文化交际能力含义

所谓跨文化交际，也就是跨文化交流的意思，它是指在不同的政治经济和历史文化等背景下，人们面对同一事物进行交流时，因为这些背景不同而产生的差异化理解。跨文化交际能力指的便是面对差异和分歧理解而进行的不同语言和文化差异的交际处理能力。跨文化交际能力体现在不同民族语言文化背景下进行的差异化交流。想要提升自身跨文化交际能力，不仅要掌握较强的语言沟通技巧和能力，更需要了解对方民族的文化、风俗、观念等等，唯有这样才能更好地进行跨文化交际，才能更好地提升跨文化交际能力。

（二）跨文化交际能力的主要内容

首先，跨文化交际要懂得站在对方角度考虑问题，有较好的灵活应变沟通能力，这要求学生在实际跨文化交流过程中要有良好的公平公正心态，尊重彼此的文化差异。在交流过程中相互理解，相互尊重才能保障沟通顺心。日语教学中，还要不断教育学生了解对方的成长生活环境、地域风土人情、语言丰富特征等等内容，以此才能更好地和谐沟通。其次，交流者要有一定的交际综合能力。这些能力在一定程度上可以为跨文化交流提供必要的补充和帮助。此外，跨文化交流还需要有语言描述性能力，也就是当双方在进行交流不畅或者彼此难以明白对方意思时，可以运用一定的描述性话语进行基本意思判断，尽量运用推测性语气进行互动交流，使得双方有良好的沟通印象。与此同时，轮流交流的方式是一种非常重要的跨文件交际方式，也就是双方能够在交流过程中彼此照顾对方的感受，仔细安静聆听对方心声，用心去捕捉对方的交流思想和难点。最后，就是具备在跨文化交流中应对突发状况的应急能力，比如说由于语言或者文化差异障碍而导致双方尴尬交流时需要一种沉着冷静灵活应对的能力。

二、日语教学中跨文化交际能力提升存在的问题

（一）日语教学理念和模式有待改善

目前，众多高校开设的日语专业，或多或少存在些许问题，对此相关教育教学改革也迫在眉睫。主要的问题比如说教学理念无法做到与时俱进，教学实际情况无法符合学校教学要求等，甚至重理论轻实践的教学模式等等，都需要改善。目前日语教学中，大部分高校存在的现实情况是讲授主要停留在理论讲解层面，例如较为注重日语的语法、词汇以及语义的教学，忽视跨文化能力的培养，使得学生理论联系实际的需求与现实教学模式脱节，严重影响学生跨文化交际能力的培养和提升。

（二）教学队伍综合素质有待提高

课堂教学需要讲求方式方法，日语教学过程中传统教学主要是以语言教学为主，想要真正教授好日语，不仅仅需要语言教学能力，更为重要的是文化教育的传播。日本的文化和中国的文化不同，自然不能以中国的文化传统或者教学思维去教授日语课程，这样容易

产生教学思想偏差，影响日语教学效果和质量。但是在我国高校教学中，综合素质较强的老师又较为缺乏，甚至综合素质远远达不到跨文化教学要求，这也会影响日语教学活动的顺利开展。此外，有着丰厚日语能力的教师可能会很多，但是了解日本文化的教师可能就比较少了，深入掌握日本文化的教师就更有限了，使得日语教学缺乏生动性和实效性，也就导致日语教学缺乏文化内涵，日语教学中跨文化交际能力自然无法真正得到提高。

（三）语言沟通环境有待改进

任何文化交流都离不开语言的表达，语言的表达离不开持续的交流，二者相辅相成。环境对于语言学习很重要，想要学好跨文化交流，特别是想要学好日语交流，自然离不开良好的实际的沟通环境。但从目前日语教学来看，教学课本主要是以语法解析和词义讲解为主，缺乏日语语言表达教学以及案例教学，甚至日语口语教学的课程安排都较为缺乏。这样直接导致学生的日语学习沟通交流的实践环境非常缺乏。与此同时，教师在教学过程中，为了使学生学习更加方便，大部分时间采用汉语教学，缺少在日语教学中的日语表达。环境教学很关键，但是又需要亟待改进，因为在国际化发展的今天，应对日渐频繁的中日交流，我们需要更多有知识、有能力、有素质的日语人才。因此，想要提升跨文化交流能力，必须注意改进语言沟通交流环境，好的语言沟通交流环境会使得日语交流学习更加顺利。

三、日语教学中跨文化交际能力提升策略

（一）创新日语教学理念和教学模式

教学理念是否符合日语教学的需求决定了教学效果的质量好坏。因此，想要提升学生跨文化交流的能力，必须创新教学理念，并将先进的教学理念贯彻到实际的教学当中。首先，要明确学习主体的地位，时刻以学生需求为基本教学出发点，一方面提升自身的日语教学方法，不断学习日语文化知识，充实自己。另一方面，加强与学生的互动交流，充分挖掘学生对日语学习的根本要求和基本诉求，以及日语学习过程中的主要问题或者难点。激发学生学习日语的积极性和主动性。其次，要注意提升学生学习文化知识的能力，这种文化包括中国文化和日本文化，两者之间的异同点，并将这种文化思维方式灌输到日常的日语教学中，使得学生学习日语的方法更加适宜，提升学生在学习日语过程中的文化疑点分析水平，以此来提高学生跨文化交流水平。再者，日语教学中，教师要创新教学模式，根据社会、企业对人才的不同需求，制订有效的教学方案，完善日语教学模式。根据不同学生的知识水平差异进行多角色的培育教学，使学生养成独立思考、积极学习的好习惯。此外，在日语教学过程中，日语教师要将教学内容定期更新，将日语教学理念和教学模式充分利用和结合起来，使得学生的日语交际能力得到质的飞跃，让学生学习更加主动积极，最终达到提升学生跨文化交际的综合水平和能力的目的。

（二）重视教师队伍，提升教学能力

教师传道授业解惑，在日语教学中起非常大的引领作用。对于初学日语的学生来说，就像一张白纸，如何将白纸涂画的更加美观实用，取决于教师的认知和水平。从目前高校日

语教学效果看，专业水平还有待提升。日语教师的跨文化水平高低，直接影响学生跨文化水平的高低。教师想要提升其自身知识和水平，需要主动扩展自身知识，学习更多教学技巧。因此教师队伍建设至关重要。首先，教师队伍建设，最主要的一点就是提升自己的文化素养，不断学习日本文化，了解日本文化。然后，将所知晓的外国文化与中国博大精深的传统文化相结合，找出其重要的结合点，在中国教材之上更好地设计日语教案，并宣贯给学生。其次，口语教师要不断更新自身知识储备，充实自己的教学能力，提升自身的教学水平。最后，以学校角度来说，必须为日语教职工提供系统化的培训机会，强化专业化队伍建设。一方面，可以通过日语专家实训讲座、日语交际实效案例以及去日深造等机会增强教师跨文化交际能力，另一方面，可以通过项目考评方式进行日语教学互助学习，主要以项目形式开展，使得团队有紧迫的竞争意识，积极主动为项目出谋划策，这样更有利于发挥教师主观能动性，不断创新教学方式，进而提高自己的跨文化交际知识水平和综合能力。

（三）创新日语沟通实践环境，保障跨文化交际能力

语言环境对于学好一门语言非常重要。日语教学中跨文化交流想要进行顺畅，必须有良好的交流环境做基础。想要真正提升日语学习和交际水平，必须增强日语沟通实践环境。首先是教师上课时尽量用日语进行授课，并要求学生进行日语作答，也许刚开始无法实行，但是久而久之日语的教与学的环境就会形成，这样非常有利于日语交流水平的提高。其次，要积极去搜寻日语教学的网络视频或者日语生活剧，不断丰富自身的日语学习环境。此外，要鼓励学生去参加有关日语教学的讲座、培训以及中日文化交流会等事宜，多渠道了解日本文化，为提升跨文化交际能力打下坚实基础。

总而言之，全球化日益盛行的今天，中日交流合作愈渐频繁。在日语教学中提升学生跨文化交流能力依然是社会关注的主题。只有提升此能力，才能真正地使学生在日后的工作生活中拥有较强的社会竞争力，进而为社会发展做出应有的贡献。

第四节　跨文化教育在日语教学中的开展

跨文化教育可以有效提升外语教学的质量和效率，增强学生的跨文化语言交际能力。因此，跨文化教育理念在我国目前的日语教学中受到普遍重视。首先对跨文化教育在日语教学中的重要作用和价值做出论述，然后就此提出跨文化教育在日语教学中开展的策略。

日语教学要侧重于学生语言交际能力和综合运用能力的培养。对此，通过有效的跨文化教育帮助学生正确认识和了解中日语言文化中的差异，建立起正确的文化交际观念和态度，加深对日语表达的理解，是势在必行的教育及教学措施。

一、必要性分析

随着第二语言教学理论在我国的不断发展与成熟，以跨文化教育为载体的核心理念也逐渐在二语教学中得到更广泛的重视。因此，跨文化教育在日语教学中的必要性价值也得

到了相关日语教育工作者的普遍认可。首先，跨文化教育的理念灌输对于提高学生的日语学习能力有着不可替代的作用。语言本就是一个民族文化的组成部分，也是连接一个国家和民族文化的重要纽带，学生只有对一个国家和民族的文化有深入的了解，才能够更好地学习语言，脱离文化的民族语言是不存在的。其次，跨文化交际能力是社会人才社交能力中的重要组成部分，也决定着学生走向社会以后的社会能力水平，尤其是在当今全球经济一体化快速发展的时代背景。对此，在日语教学过程中，任课老师要不断提高学生对中日文化差异的理解度、认同度和接受度，以更加开放和包容的态度去看待国家与民族之间的文化差异，从而帮助学生建立起健康、良好的交际观。最后，跨文化教育在日语教学中的体现也是目前国际语言教学的大趋势所在，可以更好地帮助学生提升中日交际能力，更好地将中国本土的优秀文化在日本乃至世界范围内进行推广和传播。

二、开展及实施策略

（一）教师跨文化教育能力的提高

对于日语任课老师来讲，要想切实有效地开展跨文化教育活动，不仅要深入了解日本民族语言文化，了解中日民族文化的差异，更要不断提高自身的跨文化教育能力，增强自身的跨文化教育意识。

跨文化教育意识是日语任课老师能够及时有效地在日语教学过程中进行跨文化教育的前提，因此，日语任课老师首先要做的就是提升和培养自身在教学过程中的跨文化教育意识，不断拓展自身的文化认知广度，对民族文化与民族语言、中国本土文化与日本民族文化之间的关系有深刻的了解，从而准确发现和总结日语教学过程中所存在的文化认知难点，从而给予学生正确的教学引导，提升学生的跨文化语言认知能力和理解能力。同时，日语教学过程中跨文化教育的实施和贯彻，还需要充分掌握客观实际情况、时代发展需求等因素，并且根据这些客观因素对教学实施策略做出相应的调整与优化。

任课老师的专业能力及专业素养是其进行教学工作的前提条件，也是跨文化教育得以顺利开展的基础。任课老师是日语跨文化教育及教学的引导者，直接决定其教学实施策略的成功与否。因此，充分掌握专业理论知识、增强自身的学科文化知识储备、深入挖掘和认知跨文化教育理论的核心思想，是当今日语任课老师的重要职责。

（二）培养跨文化意识和态度

日语教学中的跨文化教育的目标就是提高学生对中日语言及文化差异的理解力与认知力，这也是日语跨文化教育理念贯彻及实施的难点。为此，任课老师要通过文化对比、语言表达分析等手段，培养学生正确的跨文化观念及态度。对此，其主要的教学实施及开展策略包括以下两个方面：第一，增设与日语文化相关的教学情境，使学生在真实的情境感受中建立对文化差异的理解和认同；第二，任课老师要引导和鼓励学生课外进行日语及文化相关的阅读、交流和讨论。通过上述两项工作的开展，可以有效地帮助学生正确地理解中日文化差异。

（三）日语教材选择

在日语教学过程中，学生能接触到的日语课程的内容及素材就是教材，同时教材也是学生了解日本文化的主要媒介；因此，日语教材的选择要充分考虑到跨文化教育的教学目标，确保教材内容有助于引导和激发学生跨文化意识及能力的培养。

第一，为了更好地开展跨文化教学，日语教材必须包含中日文化差异的对比、分析及总结性内容，并且在中日交际的原则基础之上对日语的表达形式进行详细的讲解。"对比"是学习第二语言的重要步骤；因此，一本科学合理的外语教材，必须包含外语使用国家语言文化与本土语言文化的对比性分析，从而使学生能够在本土语言的知识基础上学习外语。

第二，学习语言的目的是实际生活中的语言交流，因此，我们应尽量选择一些贴近实际、真实的语言材料，帮助学生学会在实际生活中运用日语。因此，日语教材的选择要充分考虑到学生的学习需求和学习目的，不断提高学生的日语跨文化语言能力。

跨文化教育及教学理念的有效贯彻和实施，可以增强学生的中日语言表达能力及学生的社会交际能力，推动我国与国际化教育理念、发展趋势的接轨。正确认识跨文化教育在日语教学中的重要价值，不断加强师资力量建设、引导学生建立和培养起对待中日文化差异时的良好心态，真正有效地推动跨文化教育在我国日语教学过程中的开展和落实，是我国日语教学的重要课题和首要任务。

第五节　跨文化教学策略

跨文化知识教学通常是与语言知识教学相结合，通过语言知识学习逐步达成解除异文化、理解异文化、融入异文化情境的。而跨文化知识的应用（交际）又是通过言语技能中的会话活动来实现的。因此，跨文化教学策略的研究也是融合在语言知识教学和言语技能教学的策略研究之中的。为此，在此省略重复的策略表述，仅从跨文化接触和跨文化理解两个侧面来介绍。

一、跨文化接触策略

1.语言知识学习

异文化的理解首先要学习语言知识。当然，不利用日语，通过阅读汉语书籍也可以了解异文化。但是从知识量来说，能够被我们翻译过来的文化书籍还是有限的，能够圆满翻译出原汁原味的言语内涵、画外音的作品更是困难。只有通过阅读日语原文书籍，用日语语言体会特定语境下的语言文化，才可以更准确地了解、体会日本文化，掌握语言的魅力。

通过语言知识学习来掌握语言文化是异文化学习的必由之路。学习语言知识除了学习语音、词汇、语法之外，由于教科书通常都是有选择地编写各种题材和体裁的文章，教学中还会同时涉及日语修辞以及日本的成语谚语、典故故事等，这些都可以丰富语言文化知识。

（1）灵活深入剖析课文。日语教学通常重视词汇、语法的教学，课文教学则以文章内容的理解和语言的运用为主。实际上课文中一定包含语言文化的知识，在教学中除了有关语言知识的指导，还可以指导学生了解语言文化。

可以准确选择在特定的语境中所用词汇和语法以及表达方式，是语言应用的关键。因此，对课文的学习是理解和掌握异文化所迈出的第一步。

（2）有意识地积累和积极运用。对于教学中接触到的异文化知识，要有意识地归类整理，指导学生通过记忆例句掌握语言中的文化含义，并且增强应用意识和文化体验感。

（3）对比。日语与汉语在语言文化方面有相近之处，同时也有差异。通过比较分析，能够更加深入地领会日语语言文化乃至日本文化的特性。这也是能动地学习语言文化的策略之一。

2. 指导学生大量阅读

在异文化环境缺失的情况下通过书本知识了解异文化，首先就会遇到信息量不足的问题。解决这个问题的最好办法是大量阅读。阅读不仅是指对课内学习内容的阅读，还包括课外阅读。可以说课外阅读是了解异文化的主要渠道。

（1）书籍、报刊都可以作为阅读的对象，不仅可以读日语原文的图书，还可以读中文的有关书报杂志。

（2）阅读的题材要广泛，不拘泥于小说等文学作品，只要是与日本相关的信息，包括政治、经济、文化、风土人情、社会地理、历史等，都要作为文化学习的内容，积极吸取，日积月累，逐渐完善。

（3）学习记读书笔记和摘要。因为我们的记忆是有一定规律的，不经过重复会遗忘，养成记读书笔记的习惯对于我们积累信息非常有帮助。

（4）定期归类整理。已经学习过的或者积攒下来的关于文化方面的资料、卡片要随时归类整理，一方面是复习巩固，另一方面是便于以后的学习和查找。

3. 应用互联网

网络帮助我们缩短了与世界的距离，在网络中，我们可以很容易地获得大量信息去了解日本。利用互联网学习日本文化，是克服信息量不足、文化体验少这一困难的好办法。

（1）有计划、有目标地上网。网络中的信息含量大，分散注意的可能也大，如网上打游戏、聊天也能消磨掉大量时间。只有做到有效地利用网络去学习，网络的优势才能真正发挥出来。因此，教师提前考核好网站信息的准确度和可操作性，指导学生制订网络学习计划，规划出每日的学习重点，就可以减少学生学习过程中盲目地漂在网上的现象和无意识学习，也可以尽可能完整地获取知识。

（2）寻找好的网站。查找可信度比较高的网站地址，加入感兴趣的文件夹中。这样可以省却盲目寻找，避免浪费时间。

（3）资料下载。经常下载有价值的资料。对于比较感兴趣的话题，随时保存在文档中或存盘整理，以备复习查询。

（4）网上咨询和讨论。自己的观点或想法、疑问通过网络发布，可以获得帮助。在谈话室可以选择有在日本生活经验的人为谈话对象，就某一话题开展讨论，从中体会自己与对方对某种事物的认识差异，并思考导致这种差异的文化根源。

4.从日本影视剧中体验异文化

观看日本影视剧也是了解异文化的一个捷径。因为艺术是来源于生活又超于生活的，影视剧反映的是社会的真实，是文化的浓缩，通过影视剧可以了解日本文化的深层次底蕴。

（1）反复观看同一日文影视剧。反复观看不仅对于语言的学习有益，对了解日本文化也有帮助。不要只看一遍，了解剧情就结束，如果有条件要反复看。这样一方面可以练习听说，另一方面可以体会不同场合语言的表达方式、情感表达方式。而且反复看还可以发现从前没有注意到的细节，仔细体会语言文化的内涵。

（2）确定每一次观看时的学习任务。第一次观看可能重点在于了解剧情，但是了解剧情并不是通过影视剧学习日语的根本目的。

通过影视剧可以体会语言应用的特点，了解风土人情、社会历史等。因此，每一次都要有目的地观看，从中吸取知识，不做故事情节的奴隶，要从旁观者的角度去理解认识剧情，实际上这也是一种客观的、不自觉的对比的过程。

（3）回味与记录。看过后的回味也很重要。从这个影视剧中自己了解了什么，明白了什么，体会到、感受到了什么，把这些记录下来，一方面巩固刚刚听到或接受的语言知识，练习用日语表达，另一方面也是对自己的跨文化理解的一个归纳整理的过程。

二、跨文化理解策略

1.文化迁移时的态度

通过前面的论述可以知道，对待异文化的接受态度会直接影响到对日本文化的理解。而对日本文化的理解程度，又直接影响到语言知识的学习成就。因此，采取积极、有效的学习态度来接触和学习日本文化是很必要的。

（1）保持好奇心。不拘泥于个人喜好，对日本文化始终保持好奇心，对日本文化感兴趣，有求知的欲望。

（2）广泛地接受。文化中的内部要素是互相联系、互为依存的，如果受学科的制约，有选择地学习，必将束缚我们的视野，影响到对文化认识的全面性。因此，无论是对政治、经济、社会、地理、历史、教育等任何领域的文化知识，我们都不要抱着排斥的态度，要广泛地学习。

（3）有长期学习的思想准备。受学习条件和学习时间、学习阶段的影响，我们不可能一下子就了解到日本文化的全部，必须一点一滴地积累，而且随着学习内容的不断丰富，我们对文化的认识也会从表面到内在，逐渐深入。因此，对文化的认识形成，是一个长期的过程，不要急于求成。而且随着我们对日本文化理解程度的提高，对文化差异性的认识也会不断提高，这种有目的的积累，会为今后的日本学研究打下良好的基础。

（4）辩证分析式接受。在学习日本文化中，我们可能采取三种态度：全盘接受、部分接受、全盘否定。从文化学习的历史观角度来看，不同的社会历史时期，人们的价值观念、思想、社会意识形态等都会发生变化。

2.跨文化交际时的态度

根据巴纳（L.M.Barna）对阻碍有效的跨文化间交际问题的研究，对文化交际过程中应该抱有的态度归纳如下：

（1）避免文化相似性认识。跨文化间交际产生误会的原因之一就在于抱有"人都是一样的，因为人类具有相似性所以不会产生交际困难"的想法。从生物学、社会存续的必要性角度来说，人类确实具有相似性。但是，交际是由人类固有特性与文化特性、社会特性共同构成的，交际实际上也是文化的产物，认为一切人类都是相同的文化也存在于其中，而基于文化的差异，比认识其他文化与自我固有文化相似性程度更甚的差异性也存在。因此，必须认清两者的差异。

（2）注意语言差异。在运用不太熟练的日语进行交际时，我们通常认为，每一个单词、熟语、文章都具有各自的意义，而且它们只具备自己想要表达的意义。这种认识实际上是忽视了非言语表现、语调、身体的方向和其他多种行为以及暗示、简短信息等其他形式的交际方式，把本来很复杂的过程当作一个简单的意义解释，这就必然导致交际问题的发生。因此，需要注意到言语交际过程中言语本身的意义内涵和其他言语辅助手段中透露出来的信息。

（3）正确理解非言语行为。在任何一种文化中，非言语行为都是由大量的交际信息构成的，从而导致难以精通其他文化中的非言语行为。对非言语行为理解的误区，容易导致跨文化交际的摩擦和对立，也就会破坏交际过程。因此，需要正确理解异文化中的非言语行为。

（4）避免固定概念和先入为主观念的影响。对于他人的认识我们很容易受到固定概念和先入为主观念的影响。这些观念影响到我们认识和交际的所有侧面，是不可避免的心理过程。固定概念或先入为主的认识也就是特别关注事物中的某种特定倾向的认识。正是因为这种选择性注意等对交际产生副作用的心理过程的影响，固定概念才会一直维持下去。

如果过分依赖固定模式的认识就不能客观地认识他人或他人的交际行为，也就无法搜寻出线索来解释他人交际行为中蕴含的深层意义，因此这是影响顺利交际的很大阻碍。

（5）注意评价的倾向。文化的价值观影响到在包含着他人与自我的世界中我们的归属感，对于价值观不同的他人容易产生否定性评价，这种评价也会成为跨文化交际的障碍。

（6）避免高度不安或紧张。与熟识的同文化圈交际相比，跨文化交际容易引起强烈的不安，产生精神压力。无论是在跨文化交际中还是在考试、体育比赛等其他社会生活中，适度的不安或紧张也许会收到好的效果，但是高强度的不安或焦虑会导致思维过程和行为技能的失调。在这种不安或焦虑的状态下，人们往往夸大其他障碍物的作用，从而得出专断的或没有灵活性的认识。不仅如此，有时即使相反意见具有客观依据，却还是固守着自我固定观念，对不同意见者持否定评价。

对于跨文化交际来说，这绝对不会带来良好的结果。因此，在交际过程中只需要保持适度的紧张。

参考文献

[1][瑞士] 索绪尔 . 索绪尔第三次普通语言学教程 [M]. 上海：上海人民出版社，2007.

[2] 樊和平 . 儒学与日本模式 [M]. 北京：五南图书出版公司，1995.

[3] 陈俊森，樊葳葳，钟华 . 跨文化交际与外语教学 [M]. 武汉：华中科技大学出版社，2006.

[4] 贾玉新 . 跨文化交际学 [M]. 上海：上海外语教育出版社，1997.

[5] 何自然，冉永平 . 语用学概论：修订本 [M]. 长沙：湖南教育出版社，2006.

[6][日] 金田一春彦 . 日语概说 [M]. 北京：北京大学出版社，2004.

[7] 金陵 . 翻转课堂与微课程教学法 [M]. 北京：北京师范大学出版社，2015.

[8] 教育部 . 九年义务教育课程标准 [M]. 北京：北京师范大学出版社，2001.

[9][日] 高见泽孟 . 日语教学法入门 [M]. 北京：外语教学与研究出版社，2009.

[10] 吴耘 . 电影视听英语教程 [M]. 北京：北京大学出版社，2002.

[11] 张汉昌 . 开放式课堂教学法研究 [M]. 开封：河南大学出版社，2000.

[12] 陈岩 . 语法指导与实践 [M]. 大连：大连理工大学出版社，2010.

[13] 林璋 . 汉日语言对比研究论丛 [M]. 北京：北京大学出版社，2013.

[14] 吴薇，泉田真里 . 那些无法忘记的日剧 [M]. 大连：大连理工大学出版社，2009.

[15] 颜晓东，董博 . 日语情景口语 [M]. 上海：世界图书出版公司，2009.

[16] 王忻 . 新日语语法时体态语气 [M]. 北京：外文出版社，2001.

[17] 彭宣维 . 功能语法导论 [M]. 北京：外语教学与研究出版社，2010.

[18] 鲍海昌 . 日语表现 [M]. 北京：外语教学与研究出版社，1998.

[19] 真田信治 . 日本社会语言学 [M]. 北京：中国书籍出版社，1996.

[20] 朱京伟 . 日语词汇学教程 [M]. 北京：外语教学与研究出版社，2005.